사주
격국론

박경호

도원학당

사주 격국론

박경호 지음

2020년 3월 23일 초판 1쇄 발행

펴낸이 박경호
펴낸곳 도원학당
인쇄제본 대도문화사
출판등록 제 2015-000011호
주소 경기도 광명시 철산로 13-12, 쌍마한신상가 3층 305호
전화 (02) 812-1201~2
이메일 cj8384@hanmail.net

ⓒ 박경호, 2020
ISBN 979-11-955222-3-1

값 22,000원

책머리에

나는 누구인가? 나는 어떻게 살아가야 하는 것인가? 나의 미래는 어떠한 모습일까? 이러한 질문에 대한 대답은 인간의 사유방식과 인식범주에 따라 다양한 결과가 나올 수 있기 때문에 인간은 이러한 호기심을 충족시켜 줄 수 있는 명쾌한 대답을 갈망한다.

대자연과 인간에 대한 사유방식이나 범주는 시대적 상황에 따라 극히 제한되어 왔다. 어느 시대나 그 시대에 주류를 이루는 보편적 가치관이 존재하고 그 보편적 가치에 부응하지 못하면 이단이나 사이비가 되고야 말았다. 더구나 현대는 중세 이후 급격히 발달한 서구 과학문명이 우리의 사유를 지배하고 있고, 또 성직자들만의 전유물이었던 종교까지도 인간해방으로 말미암아 누구나 종교를 만들고 향유할 수 있게 되면서 우리는 가치관의 혼돈 속에 빠지게 되었다. 이러한 시기에 우리는 대자연과 인간의 원리를 설파했던 수많은 현인들의 고심에 자연스럽게 눈길을 돌리게 된다.

경험칙 상 인정이 되지 않는 사실은 비과학적인 것이라 하여 그 진실성을 부인해 버리고, 보이지 않거나 들리지 않는 것은 존재하지 않는다고 결론지어버리는 철저한 서구 과학문명의 사유방식이 지배하는 세상 속에서, 엉뚱하게도 근원을 알 수 없는 수많은 사이비 종교들과 주관적이고 비논리적인 미신들이 만연하는 이 혼돈 속에서 우리 앞에 펼쳐지고 있는 현실을 어떻게 파악해야할 것인가?

현재의 실상을 현실이라 정의한다면, 모두의 질문에 대한 답을 구하기 위해서는 현실을 정확히 파악해야만 가능하다. 현실은 미래의 지침이기 때문이다. 영구한 시간의 흐름을 우리는 과거와 현재, 미래로 구분한다. 그리고 수학적인 정의로 점과 선에는 면적이 없듯이, 과거와 미래를 구분 짓는 현재에도 면적이 없어 우리가 현재라고 말하는 순간 현재는 과거가 되어버리고 만다. 또한 과거는 지나간 현재요 미래는 다가올 현재라고 말할 수 있다. 그렇다면 이렇게 중요하고 찰라적 순간인 현재를 우리는 과연 어떻게 파악할 수 있을까?

　　동양학을 대표하는 주역의 인식체계는 현실에 대한 인간의 사유방식에 입체적 시스템을 제공함으로서 위 질문에 대한 명쾌한 답을 찾을 수 있는 길을 제공해준다. 주역에서는 '시중(時中)'이라는 준거에 의해 그 때와 상황에 적절한 해석을 하고 그에 적합한 행위원리를 제시한다. 여기서 시중이란 그 순간, 그 상황에서 당위적으로 선택되는 행위를 말한다. 그래서 吉凶의 판단은 인간의 행위가 특정 상황에 처하여 이러한 시중에 합치하느냐의 여부에 따라 정해진다. 음양의 변동에 자연스럽게 감응하고 조화하면 吉하고, 그것을 어긋나 인위적으로 거스르면 凶하게 되는 것이다. 결국 길흉은 운명에 의해 정해지는 것이 아니고 인간의 행위에 의해 나타난 결과인 것이다. 항상 그 때마다 자신이 대면하는 현실을 하나의 전체로서 인식하고 그러한 사실에 입각하여 해야 할 바의 당위로서 자신의 삶을 살아가는 것이 바로 각자 맡은 바의 직분을 실천하는 길이 된다.

그래서 주역에서의 행위는 당위가 된다.

명리학은 주역에 근거하여 인간에 특화된 학문이다. 현실을 살아가는 인간을 연구대상으로 하는 이 명리학은 끊임없이 변화하는 시간 속에서 지금, 여기서 펼쳐지고 있는 時空의 양상을 보여주고, 우리가 당위적으로 선택해야 할 행위가 무엇인가를 제시해준다. 즉, 찰나적 현재의 실상을 정확히 파악하게 해주는 것이다. 따라서 이 혼돈의 시대에 명리학의 가치는 대단하다. 간혹 인간의 욕심으로 사주의 看命에 명리학의 규정을 무시하고 신비적인 요소를 가미하여 혹세무민하는 사람들도 있다. 그러나 명리학에는 일정한 법칙이 있고, 그 법칙은 매우 논리적이며 질서정연한 체계를 갖는다. 사주는 이 법칙의 틀 내에서 간명되어야 한다.

본고에서는 명리학의 법칙들 중에서도 가장 중요하다고 할 수 있는 육친과 격국론을 다룬다. 경우에 따라서는 간명시에 육친과 격국의 이론이 잘 적용되지 않는 경우도 있다. 그러나 이 이론을 무시하지 않고 깊이 체화시킨 후 그 바탕위에서 사주를 간명하다보면 육친과 격국론이 얼마나 현실에 잘 부합되는지를 깨달을 수 있을 것이다. 육친과 격국론은 오랜 세월에 걸쳐 수많은 先賢들이 고심하고 임상한 이론의 결정체다. 열심히 숙지하여 부디 졸고가 사주의 간명에 보다 유익한 도구가 될 수 있기를 바라마지 않는다. 이 책의 내용을 소개하면 다음과 같다.

첫째, 사주의 뼈대인 격국과 격국을 成格시켜주는 인

자인 용신과 상신에 대해 자세히 설명하고, 격국의 환경이 되는 行運을 대운과 세운으로 구분하여 간략히 설명하였다.

둘째, 사주의 언어이자 격국을 정하는 바탕이 되는 十星의 성격에 대해 자세히 기술하였다. 사주를 파악하는데 결정적 구실을 하는 이 十星은 깊이 체화시켜야한다.

셋째, 격국을 內格과 外格으로 구분하여 설명했는데, 10正格에 대해서는 격국의 성립조건, 성격, 직업적성, 특징, 용신으로 일목요연하게 구분하여 설명했다. 특히 10正格의 사주풀이에 나오는 예문들은 필자가 직접 상담한 문점자들의 사주로서 생생한 임상자료가 될 것이라 사료된다.

2020년 3월 23일

박경호

차례

제1장 格局과 用神, 行運

I. 格局

1. 格局用神

격국용신은 사주의 그릇을 정하는 用神으로서 사주의 주인인 일간의 세계관이나 인생관을 보여줄 뿐만 아니라 적성 또는 일간이 가장 잘 할 수 있는 일을 알 수 있게 하여 인생의 방향을 제시해주는 역할을 한다.

격국용신이란 사주의 뼈대이다. 사주마다 核이 되는 인자가 있는데 이 인자와 일간과의 관계를 10神으로 표현하여 그 사주의 格局用神, 格局 또는 格이라 칭한다. 사주의 핵은 月支이다. 월지는 팔자의 사령부로서 팔자 각각의 기운을 결정하기 때문이다. 그러나 월지의 상태에 따라 월지를 사주의 핵이나 격국용신으로 쓸 수 없는 경우도 있다. 그래서 격국은 월지에서 격국을 정하는 內格과 월지와 관계없이 팔자 전체에서 가장 요긴한 인자를 택하여 정하는 外格으로 구분한다. 내격에는 정인격, 편인격, 정관격, 편관격, 정재격, 편재격, 식신격, 상관격으로 구성되는 8正格이 있으며, 외격으로는 비겁격, 건록격, 양인격, 종격, 합화격, 양신성상격, 종세격 등외에도 다양하다. 현대에는 위 외격 중 건록격과 양인격을 정격에 포함시켜 10正格에 포함시키는 것이 일반적이다.

　내격의 격국용신은 팔자의 월지에 의해서 정해지지만 대운 또는 팔자의 다른 글자들에 의해 變格될 수도 있다. 격국이 월지에서 결정되는 것은 월지가 팔자의 계절을 의미하며 이 계절에 따라 팔자오행의 强弱이 결정되기 때문이다. 그리고 대운 또한 월주가 기준이 되어 정해지는 큰 범주의 계절을 의미하기 때문에 대운의 변화에 따라 격국이 변격될 수 있는 것이다. 또한 월지의 기운이 다른 글자에 비해 지극히 微弱하거나 또는 冲이나 合에 의해 월지를 격국용신으로 쓸 수 없는 경우에는 사주 중 勢力이 가장 큰 글자에서 격국용신을 정하게 되어 변격이 된다.

2. 相神

　사주 내에는 격국용신을 도와주는 인자가 있는데 이를 상신이라 부른다. 상신은 격국을 成格시켜주는 인자로서 격국용신을 도와주는 용신이다. 따라서 이 상신 또한 용신이라 불려진다. 예를 들면 정관용재격이란 정관격인데 용신(상신)이 재성이며, 식상용재격은 식상격인데 용신(상신)이 재성이고, 정인용관격은 정인격인데 용신(상신)이 관성이다.

II. 用神

　여기서 이야기하는 용신은 위의 格局用神이나 相神과는 달리 사주 전체의 균형과 조화를 위해 꼭 필요한 인자를 말한다. 용신의 종류는 다음과 같다.

　1. 억부용신(抑扶用神): 일간이 강하면 억제하고, 약하면 도와주는 오행을 용신으로 정한다.

　2. 조후용신(調候用神): 사주의 한난조습(寒暖燥濕)을 살펴서 조후를 조절해주는 오행을 용신으로 정한다.

　3. 통관용신(通關用神): 사주에 강약이 대등한 두 五行이 대립하여있을 경우 이 두 오행을 相生되게 해주는 인자를 용신으로 정한다.

　4. 병약용신(病藥用神): 일간의 억부나 조후를 무너뜨리는 인자를 病神이라 하고, 그 병신을 剋洩해서 일간을 도와주는 오행을 藥身이라 하여 用神으로 정한다.

　5. 전왕용신(專旺用神): 사주 전체의 흐름이 일방적으로 한 五行에 치우쳐 있어서 그 勢力을 억제할 수 있는 힘이 없을 때 굴복하여 그 치우친 五行을 용신으로 정한다.

모든 용신은 사주 원국내의 인자들 중에서 정해지는데 격국용신과 상신 그리고 용신이 모두 충족되었을 때 일간은 일의 성취와 함께 만족을 얻을 수 있다. 따라서 사주원국의 구성인자들은 우리 인간의 행복과 건강을 결정하는 중요한 요소이다. 물론 行運 즉, 大運이나 歲運도 사주원국의 구성인자들과 함께 중대한 영향을 미친다. 각 인자들이 용신에 미치는 영향에 따라 吉神과 凶神 그리고 閑神으로 불리는데 그 의미는 다음과 같다.

○ 길신(吉神): 用神과 喜神이 있는데 용신은 사주에 꼭 필요한 인자를 말하며, 희신은 용신을 도와주는 인자를 말한다.
○ 흉신(凶神): 忌神과 仇神이 있는데 기신은 용신을 극하는 인자, 구신은 기신을 도와주는 인자를 말한다.
○ 한신(閑神): 일주와 용신과는 무관한 인자를 말한다. 하지만 운에서는 合이나 刑·沖·破·害 등의 작용을 통해 사주에 영향을 미칠 수 있다.

또는 다음과 같이 體와 用의 영역으로 분류하기도 한다.

○ 吉神/凶神/相神: 体의 영역으로 격국용신에 해

당하며 격의 성패를 판단한다.

　○ 喜神/忌神/閑神: 用의 영역으로 억부용신에 해당하며 일간의 강약으로 판단한다.

III. 行運

八字를 나무에 비유한다면 運은 기후나 환경이라 할 수 있다. 나무는 태어날 때 격국의 종류와 격국의 成敗·高低가 결정된다. 즉, 유실수인지 관상목인지가 정해지고, 또 각각 용도에 맞는 구실을 할 수 있는지 그리고 품질의 고저가 결정된다. 그리고 運은 이 나무가 자라는 과정에서의 환경변화인데 각각의 체질에 맞는 계절과 기후를 만났을 때 건강하고 용도에 맞는 나무가 될 수 있다. 運은 크게 大運과 歲運으로 구분한다. 대운은 큰 환경으로 주로 격국과 조후용신의 영역이고, 세운은 세부 환경으로 억부용신의 영역이다. 예를 들면 성장기에 있는 감나무가 봄(木)과 여름(火)의 대운을 만난다면 무난히 성장할 것이다. 그런데 같은 계절일지라도 날씨의 변화에 따라 냉해를 입을 수도 있고 가뭄이나 태풍의 피해도 볼 수 있다. 여기서 계절은 대운의 영역이고 날씨는 세운의 영역이다.

그런데 이러한 격국도 자연적, 인위적 환경에 따라 變格될 수가 있다. 땡감나무를 예로 들어보자. 어떤 사람이 야산의 땡감나무가 너무 멋져서 성장의 계절인 木火대운에 이 나무를 캐다가 정원수로 가꾼다면 이 나무의 격국은 정원수가 된다. 그러다가 金水대운이 시작되면서 이 나무의 주인이 굵고

맛있는 장두감이 먹고 싶어 품질 좋은 장두감나무를 구해다가 이 땡감나무에 접목시킨다면 이 나무의 격국은 유실수로 바뀌게 된다. 땡감나무가 정원수 격국에서 유실수 격국으로 바뀐 것이다. 여기서 자연적 환경의 변화는 木火의 계절에서 金水의 계절로 바뀐 것을 말하고, 인위적 변화는 사람의 마음이 꿈과 낭만의 木火운에서 실속과 결과의 金水운으로 바뀐 것을 말한다. "맹모삼천지교"에서 맹자가 시장에 살 때는 상인의 모습이 되었고, 서당 근처에 살 때는 학생의 모습이 되었던 것은 인위적 환경의 변화로 맹자의 격국이 바뀐 것이다.

運을 보는 방법은 사주 看命法과 같다. 사주원국을 관찰할 때는 일주의 干支를 월지 및 사주 전체의 간지에 대입하여 사주의 그릇과 크기를 관찰하는 것이고, 運을 볼 때는 大運이나 歲運의 干支를 일주 및 사주 전체의 간지에 대입하여 吉·凶과 喜·忌를 판단하는 것이다. 흔히 대운을 만나서 發福할 거라고 하는 것은 用神大運을 만났다는 뜻이다. 용신대운이란 인간이 天賦 받은 命(格)을 잘 수행할 수 있는 시기나 환경을 말한다.

제2장 十星의 지능 및 성격

우리의 삶은 우리가 맺고 있는 수많은 관계의 조직이다. 수많은 인간관계 속에서 영위되는 인격이기도 하다. 우리의 세계인식을 온당한 것으로 만들고, 우리자신을 세계 속에 위치 규정하는 것은 바로 관계의 조직이다. 이 관계의 조직을 命理學에서는 六親으로 표현하는데 육친은 나(日干)와 주변(五行)과의 관계를 5가지로 묘사한다.

六親을 좀 더 자세히 설명해보자. 六親이란 六神이라고도 하는데 사주팔자에서 주인인 日干과 地支 또는 天干들과의 관계를 나타내는 용어이다. 우주의 모든 관계는 生·剋·制·化·比의 다섯 가지 관계로 표현된다. 이러한 관계를 印星, 官星, 財星, 食傷, 劫財로 명명하고 여기에 팔자의 주인을 포함시켜 六親 또는 六神이라 한다. 이 육친 중 팔자의 주인을 제외한 다섯 가지를 다시 陰과 陽으로 구분하여 10가지로 세분하는데 이를 10神 또는 10星이라한다. 10星에는 正印, 偏印, 正官, 偏官, 正財, 偏財, 食神, 傷官, 比肩, 比劫이 있다.

사주팔자가 세계인식의 틀이자 知圖라고 한다면 10星은 주체인 나와 세계와의 관계를 묘사하는 언어이자 도구라 할 수 있다. 명리학은 인간과 세계와의 관계를 성찰하고 연구한 결과를 통해서 인류의 삶에 도움을 주고자 하는 학문인데 이 10星이 없다면 명리학의 연구 및 傳承은 불가능할 것이다.

사주 내에서 10星의 구성은 인간의 존재양식에 지대한 영향을 미친다. 인간과 주변 환경과의 관계가 10星인데 이 관계는 인간의 생각과 행위에 지속적인 영향을 주게 된다. 생각과 행위가 반복이 되면 습관이 되고, 습관은 삶의 내용을 결정하게 되기 때문이다. 결국, 우리자신이 세계와 맺고 있는 對比와 關係가 10星이고, 관계와 관계의 조직이 사주팔자이다.

10星의 성격을 살펴보면, 인성은 필요한 것을 흡입하는 기운이다. 음식 또는 정보와 지식을 흡입하고 사랑을 흡입하는 수용성이다. 식상은 배설, 표현, 행위 등 설기의 기능이며, 재성은 식상의 결과요 마무리다. 관성은 재성의 창고로서 지식과 정보의 창고요 돈의 창고이다. 다시 인성은 관성이라는 창고에 저장된 정보나 지식을 잘 기획하여 겁재의 에너지로 식상을 통해 새로운 일을 다시 시행하게 한다. 따라서 식상→재성→관성→인성→겁재로 순환되는 것이 우주의 원리이다.

I. 印星

人性系영역으로서 지식의 수용에 의하여 지능을 높이는 수단이다. 지능발현 단계에서 보면 잠재의식 욕구, 의욕과 욕구의 편성, 지능의 유입에 해당한다. 따라서 인성은 기억력, 분석력, 기획력, 창조력, 수집력, 논리력 등을 담당한다.

1. 正印의 성격

日干을 生하는데 일간과 음양이 다른 짝을 正印이라한다. 印綬는 도장 인, 끈 수다. 官印(관청의 도장)의 손잡이에 다는 끈을 말한다. 관리에게 도장이 있어야 하듯 사람에게도 자신을 보호해줄 生助者가 있어야 한다. 이 생조자를 인수라 하고 일간과 음양이 다른 짝을 정인이라 한다. 정인은 아무런 대가없이 나를 도와주는 별이다. 육친적으로는 어머니가 되고, 우주적으로는 나를 존재하게 해주는 대자연을 의미하며, 그 외에 나에게 도움을 주는 조상, 스승, 선배, 후원자 등이 해당한다. 정인의 성격은 다음과 같다. 정인은 자비와 학문을 뜻하기 때문에 순수하고 여유 있으며 선비의 기질이 강하다. 사고력과 집중력이 뛰어나며 인내심이 강하다. 하지만 온상의 화초와 같아서 세파에 견디는 힘은 약하다. 인자하지만 고독하고 조용한 스타일에 자존심과 자만심이 강한 외유내강 스타일이다. 반면에 다양한 개인적 취미를 가지고 있지만 한 가지 일에 만족하지는 않는다. 보수적이며 예의를 중시하는 성격이지만 외골수 성격 때문에 사회성이 부족하며, 사회적 변화에도 둔감하다.

사주에 인수의 세력이 강하면 재물보다는 명예를 중요시하며, 육체노동보다 정신노동을 좋아하며 게으른 편이다. 사주에 인성이 너무 많으면 부모와의 인연이 희박한데 그것은 多者無者로 해석할 수 있고, 母慈滅子로도 해석할 수도 있겠다. 하지만 정인을 가진 사람은 성장과정에서 지극한 어머니의 사랑을 받아서인지 어디에서나 당당하다. 머나먼 외국 땅에서도 좀처럼 향수병에 걸리지 않는 면이 있다.

2. 偏印의 성격

일간을 生하는데 일간과 음양이 같은 짝을 편인이라 한다. 梟神 또는 倒食이라고도 불리는 이 별은 有始無終, 表裏不同이 특징이다. 여기서 梟는 올빼미를 말하는데 올빼미는 낮과 밤이 바뀐 생활을 한다고 해서 변태성을 의미하며, 자기자식을 잡아먹는다고 해서 불효를 의미한다. 그리고 倒食이란 밥그릇을 엎는다는 뜻으로 건강과 수명을 깬다는 뜻이다. 그래서 편인을 실패, 사기, 배신, 재난, 질병, 부도, 실직을 의미하는 凶星으로 본다.

또한 사주에 편인의 세력이 강한 사람은 말의 앞과 뒤가 다르고 말과 행동이 다르며, 매사에 의심이 많아 어떤 일을 결정하는데 있어서 우유부단한 면이 많다. 반면에 내면적으로는 생각이 깊어 다양한 성향이 나타나는데 이것이 심화되면 변태성 인간이 된다. 종교인, 예술가, 창조적인 직업에 종사하는 사람들의 사주를 보면 편인의 세력이 강하다.

편인이 강한 사람은 한 가지 직업에 만족하지 않아 여러 가지 직업을 갖는 경향이 있지만, 특별한 재주로 자기 분야에서 명성을 얻는 사람도 있다. 고독을 즐기며 주변과 잘 어울리지 못하는 성격 때문에 직업은 자유업이 어울린다.

편인은 온 힘을 집중하여 역기를 들어 올린 후 미련 없이 놓아버리는 역도선수의 행위와 비슷하다. 그래서 정인이 순수하고 오래하는 사랑이라면 편인은 일시적이고 편파적이며 변태적인 사랑이라 하겠다. 편인은 조급하고 완고하며 예측을 불허하는 변태성을 갖는다. 눈치가 빠르고 임기응변이 강하며 한번 마음먹으면 우직하게 밀어붙이지만, 일이 뜻대로 되지 않으면 포기도 빠르며, 혹 뜻을 성취했다하더라도 더 이상 그 일에 미련을 두지 않는

다. 마치 역기를 오래 들고 있을 수 없는 것처럼
말이다.

II. 劫財

　비견과 비겁을 통칭하여 겁재라 하는데 本能系 영역으로서 힘이나 주체성과 관계가 있다. 겁재는 독립성, 적극성, 책임감, 포용력, 실천력, 추진력 등을 담당한다.

1. 比肩의 성격

　비견은 일간과 음양오행이 같은 인자의 짝이다. 자립심, 자존심, 개척정신, 리더십을 의미한다. 오행이 일간과 같아서 순수한 기운이며 자기색깔 또한 분명하다. 남의 눈치를 보지 않고 간섭도 받으려 하지 않으며, 남에게 지거나 굴복하는 것 또한 싫어한다. 매사에 추진력이 강하고 새로운 일에 대한 의욕이 강하다. 간섭이나 구속을 싫어하며 협동심과 양보심이 없다.

　비견의 세력이 강하면 추진력이 지나쳐 주위로부터 모함을 받기도 하며, 타인에게 속박 받는 것을 싫어하므로 고립되기 쉽다. 財를 심하게 극하기 때문에 가정에서는 재산의 낭비가 심하고, 또 아내를 함부로 대하여 부부간의 갈등이 발생하기 쉬우며, 형제와도 경제적인 문제로 분쟁이 발생하기 쉽다. 부친을 극하므로 부와 뜻이 맞지 않아 일찍 부모의 곁을 떠나 자립하는 경우가 많다. 비견이 강하면 동업은 피해야 한다. 비견이 기신이면 동료로부터의 시기와 배신 그리고 破財를 암시하기 때문이다. 또한 비견의 세력이 강하면 철없는 아이가 되어 남들의 칭찬 앞에서는 한없는 기쁨을 표출하다가도 혹시 충고라도 있게 되면 저돌적인 공격성을 보임으로서 결국 재산상의 손실로 연결되기 때문이다.

하지만 관성이나 식상으로부터 적당한 제화를 받고 있다면 결과는 달라진다. 일단 관성이 비견을 적절히 제어해준다면 조직생활에서 두각을 나타내게 되어 책임자로서 만인을 통솔할 수 있을 것이며, 식상과 공조상생 된다면 스포츠나 무용, 예능 등의 분야에서 대성할 수 있을 것이다. 가정에서는 아내와의 처세에 능해 화목할 것이고, 사업 분야에서도 어려울 때는 형제나 동료들의 도움을 받을 수 있게 된다.

2. 比劫의 성격

비겁은 일간과 오행은 같은데 음양이 다른 인자의 짝이다. 그래서 비견이 협조자라면 비겁은 경쟁자 또는 나의 재물을 빼앗아가는 자라고 볼 수 있다. 하지만 신약한 사주에서는 비겁이 동료가 되어 든든한 조력자 역할을 하게 되기 때문에 위의 의미는 사주에 비겁의 기운이 태강할 때 적용되는 경우이다. 비겁이 태강할 경우 비겁은 정재를 冲하여 파괴시킴으로서 처와 재산을 지키기 어렵게 한다. 또한 여성의 경우 강한 겁재는 남편성인 정관을 冲하여 정관을 파괴시킴으로서 남편을 지키기 어렵게 한다. 특히 천간의 비겁은 특별한 경우 -기신을 冲이나 合하는 경우- 가 아니면 흉하다. 하지만 지지의 비겁은 일간의 뿌리가 되어 오히려 도움이 되는 경우도 많으니 무조건 흉성으로 볼 수는 없다.

비겁의 성격은 음양이 다를 뿐 오행은 같으므로 비견과 거의 같다고 볼 수 있는데 비겁은 비견에 비해 남을 많이 의식하는 편이어서 낭비벽 또한 더 심하다. 盜心이 발동해 한탕주의와 대담성으로 투기나 도박에 손을 대는 경우도 많다. 큰돈을 잃더라도 크게 마음을 쓰지 않는데 이는 다시 한탕하면 된다고 생각하기 때문이다. 따라서 비겁은 매사에 속성속패하는 경향이 강하다. 비견이 순수하게 있는 그대로 표현하는 성격이라면, 비겁은 겉과 속이 다르게 표현한다. 그래서 불만이 있을 경우 비겁은 강자 앞에서는 겉으로 순종하나 속으로는 앙심을 품는 반면, 약자 앞에서는 겉으로는 강하게 표현하지만 속으로는 동정심을 갖는다.

일반적으로 겁재는 호색가의 기질이 있어 一妻에 만족하기 어렵다. 또한 사주에 비견과 겁재가 많으면 형제가 많아 형제간에 재산다툼이 있는 경우도 많다. 하지만 비겁도 비견과 마찬가지로 관살이나 식상으로 制化가 잘 되어 있다면 강력한 힘을 바탕으로 크게 성공할 수 있는 인자가 된다. 특히 일간이 양간일 경우 월지가 비겁이면 양인격이 되어 비겁의 특성이 아주 강하게 나타나는데 이 경우에도 편관의 제어를 잘 받는다면 사회적으로 큰 출세를 할 수 있다. 또한 식상이 강한 겁재를 잘 설기하고 있어도 스포츠나 예술 계통에서 크게 입신할 수 있는 命이 된다.

III. 食傷

感性系 영역으로 능력의 활용에 의해 지능을 높이는 수단이다. 지능발현 단계에서 보면 무의식적 욕구, 욕구의 변화구 모색, 지능의 활용에 해당한다. 식상은 친화력, 섭외력, 응용력, 설득력, 어휘력, 민첩성 등을 담당한다.

1. 食神의 성격

洩氣시켜주는 인자인데 일간과 음양이 동일한 것이 식신이다. 따라서 순수하게 있는 그대로 설기되는 것이다. 식신이란 문자 그대로 음식의 神인데 의식주의 풍요로움을 의미하며 낙천성과 안정성을 뜻한다. 또한 미식가와 富者를 암시하며 투쟁성이 없고 강한 자기주장이 없기 때문에 타인으로부터 호감을 받는다. 성격이 낙천적이고 긍정적이며 스트레스가 없기 때문에 건강한 삶을 산다. 온화한 성격으로 예의가 바르며 대인관계가 원만하고 처세에 밝다. 창의력과 표현력이 뛰어나 문학과 예술 방면에서 재능이 탁월하다. 단점으로는 낙천적인 성격 때문에 적극성과 결단력이 부족하여 우유부단하고 진취적이지 못하다. 또 식신이 강하면 상관의 성격이 되어 지나친 의욕과 자기표현으로 낭패를 초래할 수 있다.

한편 식신이 태강하면 항상 타인과의 관계를 중시 여기게 되어 독립성이 결여되기 쉬운데 이러한 경우 사업을 한다면 겁재로 일간을 강화시켜야 하므로 동업을 하는 것이 좋다. 식신이 강하면 충고나 간섭 또는 복잡한 것을 싫어하고 다툼을 싫어해서 매사에 손해 보는 경우가 많다. 경제적으로는 낭비가 심하여 빈한하게 되는 수도 있다. 식신이 많으면 다정한 반면 색정의 문제가 많은데 특히 여자의 경우 더 심하다. 남자는 자신의 자식보다 남의 자식에 관심이 많아 자식이 힘들어하는데 이런 때는 아내에게 지식교육을 맡기는 것이 좋겠다.

2. 傷官의 성격

洩氣시켜주는 인자인데 일간과 음양이 다른 것이 傷官이다. 오행의 성질 상 正官을 傷하게 하기 때문에 傷官이라 한다. 다재다능하며 표현력과 사교성이 뛰어나 대인관계가 넓으며, 상대방의 마음을 꿰뚫어볼 수 있는 신비한 능력도 가지고 있다. 관찰력, 추리력, 상상력뿐만 아니라 비유적 표현력이 탁월하며 예술적 자질과 화술이 빛나 강의나 연설에서 뛰어난 능력을 발휘한다. 또한 임기응변이 뛰어나 어떠한 상황에서도 당황하지 않고 자신 있게 일에 임한다. 승부욕이 강하고 이해타산이 빨라 좀처럼 손해 보지 않는다.

식신은 음양의 조화가 이루어지지 않아서 설기가 심하지 않지만 상관은 음양이 조화되어 설기가 심하다. 따라서 감정적인 표현이 되기 때문에 자신의 생각과 다른 사람에게는 강하게 반발한다. 재능과 모사가 뛰어나지만 자기주장이 너무 강하여 시비를 초래하기 쉽다. 남에게 속박당하기를 극히 싫어하고 반항아적인 특성과 난폭성이 있다. 머리는 총명하나 거만하고 불손하며, 타인의 자존심을 상하게 하는 성격이라 항상 구설수가 따른다. 남을 간섭하는 것은 좋아하나 남으로부터는 조그마한 소리도 들으려하지 않으며, 매사에 비판적이고 부정적이다.

따라서 상관이 강한 사람은 투쟁심, 과격성, 안하무인의 태도를 경계해야 하고 항상 타인을 포용하는 자세를 가져야 하겠다. 건강 측면에서는 대체로 건강한 편이지만 폭음과 폭식은 주의해야한다. 이 모든 단점도 인성의 제화를 적절히 받고 있다면 상관패인이 되어 매우 이상적인 성격의 소유자가 된다.

Ⅳ. 財星

慾望系 영역으로 지식의 편성과 생산증대 수단이다. 지능발현의 단계에서 보면 현시적 욕구, 욕구 충족의 실험, 數理와 空間 활용에 해당한다. 재성은 활동성, 현실성, 실용성, 조직력, 분석력, 수리계산 능력 등을 담당한다.

1. 正財의 성격

일간이 극하여 지배하는 인자인데 일간과 음양이 다른 것을 정재라고 한다. 음과 양의 결합으로 안정적이 되어 현실에 만족한다. 고지식한 성격으로 배짱은 약한 편이나 금전의 융통에서는 인색한 편이다. 정확하고 정직한 성격으로 업무에 임해서는 꼼꼼하고 안정적으로 일처리를 하기 때문에 만인의 신용을 얻는다. 공사가 분명하고 노력한 대가 이상의 수입을 원치 않으며 성실하고 약속을 정확히 지킨다. 낭비를 싫어하고 근면, 절약, 저축을 신조로 삼는 별이다. 보수적인 성격으로 전통을 중시한다. 부모에게는 효자이며 가정적으로는 성실하고 책임감이 강한 가장이다. 성실하고 봉사정신이 강하며 온화한 인품의 소유자로 타인에게 호감의 대상이 된다. 여성 또한 마찬가지로 현모양처가 된다.

단점은 융통성이 없고 좀 답답하다는 점이다. 하지만, 정재도 일간이 신왕하면 결단력이 있는 성격으로 지출할 때는 과감히 지출도 하고 대인관계도 원만하게 된다. 그러나 신약하면 그야말로 답답한 사람이다. 수전노에 결단력이 없어 소탐대실할 가능성이 높다.

2. 偏財의 성격

일간이 극하여 지배하는 인자인데 일간과 음양이 같은 것을 편재라고 한다. 음양이 한쪽으로 치우친 불안한 결합이 되어 현실에 만족하지 못하고 끊임없이 추구하는 별이다. 정재는 한 직장 또는 한 사업장을 고수하는 반면 편재는 이곳저곳을 두루 경험하는 성격이다. 그래서 편재를 역마라고도 한다.
또한 편재는 衆人의 재물을 뜻하므로 먼저 차지하는 자가 임자이다. 따라서 작은 돈 보다는 큰돈을 노리는 투기성을 보인다. 매사에 수완이 좋아 거래나 외교에 뛰어난 능력을 발휘하므로 사업 분야에서 큰 성공을 거둘 수 있으나 호탕한 성격에 풍류와 낭비벽이 심하고 사치나 유흥, 이성, 도박과 인연이 깊어 재물을 지키기가 어렵다. 돈을 버는 과정에서는 무서운 집착을 보이지만 벌어들인 재물에 대해서는 별 관심이 없다. 즉, 돈을 버는 과정은 즐기지만 돈 자체에 대해서는 별 관심이 없다. 따라서 돈을 잘 빌려주기도 하고 또 어렵지 않게 잘 빌리기도 한다. 매사 일을 무리하게 추진하기 쉬우므로 절제를 요한다. 여성의 경우도 남성의 경우와 같은 성향을 갖는다.

편재의 세력이 너무 강하면 재다신약이 되어 위험한데, 남녀 공히 외화내빈이 되어 경제적으로 어려움을 당할 수 있다. 남자는 여자와 돈 때문에 어려움이 따르고 자식을 무능하게 만들 수 있으며, 여자는 아버지와 시어머니 때문에 고통을 받을 수 있고, 관을 지나치게 설기한 나머지 남편이 무능하게 될 수 있다. 하지만 겁재의 제어를 잘 받게 되면 이 모든 단점이 해결 될 수 있다.

V. 官星

統制系 영역으로서 지식의 재충전 기능으로 활용되는 수단이다. 지능발현의 단계에서 보면 의식화된 구조, 기동력과 시너지 효과, 기억과 지능에 해당한다. 따라서 관성은 조직력, 분별력, 관리력, 통제력, 인내력, 도덕성 등을 담당한다.

1. 正官의 성격

일간을 극하는 인자인데 일간과 음양이 서로 다른 것을 정관이라 한다. 일간과는 정재와 정관의 관계가 되므로 반듯한 부부를 의미한다. 따라서 정관은 모범가장이며 직장에서도 모범사원이다. 정관이란 질서, 법, 윤리, 책임, 명예를 의미하는 별로서 인간의 행동을 규율하고 일탈을 막는 중요한 역할을 한다.

사주에 정관이 잘 구성되어 있는 사람은 신용이 있고 공평무사한 관료의 기질을 갖는다. 정관의 성격은 전통, 질서, 예의, 명예를 소중히 여기며 집안에서는 부모에 효도하고, 형제간에 우애하며, 자녀에게는 자상하며 엄하다. 신용과 책임을 중시여기는 까닭에 남에게 폐를 끼치는 일은 좀처럼 하지 않는다. 하지만 편법을 싫어하고 원리원칙만을 고수하다보니 융통성이 없고 보수적인 성향을 갖는다. 가정에서도 책임감 있고 성실하기는 하나 너무 보수적이고 완고하여 재미없는 스타일이다. 여성에게도 정관은 반듯한 남편과의 결합을 의미하므로 가정을 잘 돌보는 현모양처가 된다.

이러한 정관도 너무 세력이 강하면 殺로 변하기 때문에 고통을 받을 수 있는데, 이러한 경우 인성이나 식상으로 잘 제화하면 관인상생이나 식상제살이 되어 어려움에서 벗어날 수 있다.

2. 偏官의 성격

일간을 극하는 인자인데 일간과 음양이 서로 같은 것을 편관이라고 한다. 편관은 일명 七殺이라고도 하는데 일간을 정면으로 剋하는 기운이다. 편관이 강하면 과격한 성격에 쉽게 분노하며 상대방의 감정을 무시하는 지나친 추진력으로 타인에게 피해를 주기도 한다. 가정적으로도 자주 폭력을 행사하는 등 가장의 구실을 하지 못한다. 또 신경이 지나치게 예민하여 신경쇠약이나 관절염으로 고생하는 경우가 많으니 평소 예민한 성격을 잘 조절하여야 한다.

인성이 만물을 生하는 작용을 하는 인자라면 칠살은 만물을 멸하는 인자이다. 편관은 칠살로서 질병, 재난, 형액, 파산, 단명 등 흉신을 대표하지만 이 강한 힘을 가진 칠살도 制化가 잘 되어 있다면 용맹과 투지로 국가에 큰 공을 세우기도 한다. 부귀공명하고 훌륭한 자손을 두게 되며 덕과 용을 겸비한 국가의 지도자로서 만인의 존경을 받는 인물이 될 수 있다.

편관의 성격은 통이 크고, 위계질서를 중시하며, 의리를 소중히 여긴다. 의협심과 투쟁심이 강하여 불의를 보면 물불을 가리지 않고 대항한다. 한편 편관은 성격이 급하고 권모술수가 뛰어나며 부하직원을 자기 뜻대로 움직일 수 있는 강한 힘을 가지고 있기 때문에 전쟁터의 장군의 상이다. 편관을 가진 여성도 남성과 마찬가지로 보스기질이 강하다.

하지만 신약한 사주가 강한 편관을 가지고 있다면 남녀 공히 무거운 짐을 진 사람이 되어 매사에 소극적이고 용기가 없으며 심하면 神이 들 수도 있다. 결국, 일간이 강해서 칼자루를 잡았는가, 또는 약해서 칼날을 잡았는가하는 차이이다.

제3장 十正格

格局에 의해 삶의 방향이 결정되고 격국의 成敗에 의해 그릇의 크기가 결정되는데 여기서 삶의 방향은 적성 및 직업, 성격과 관계가 있다. 이하에서는 십정격의 성립 조건, 성격 및 직업적성, 특징, 용신에 대해 설명하고 각 격국에 해당하는 사주를 대운과 더불어 풀이해보겠다.

I. 印綬格

인수격에는 정인격과 편인격이 있는데 편인격에 대해서는 성격 및 직업적성에 관해서만 언급하고, 이하에서는 두 격이 용신을 정하는 원리나 사주풀이가 유사하므로 정인격과 편인격을 구분하지 않고 인수격으로 통칭하여 설명하고자 한다.

1. 印綬格 성립 조건

첫째, 월지의 지장간 중 인수가 천간에 투출되어 있을 때, 둘째, 인수가 투출되지 않았을 때는 월지의 지장간 정기가 인수일 때, 셋째, 월지에서 격국 용신을 찾을 수 없는 경우인데 이때는 팔자 중에서 세력이 가장 강한 인자 즉, 사주의 핵심이 되는 인자가 인수일 경우이다.

2. 正印格의 성격

정인은 지혜와 자애, 학문, 인정의 별이다. 따라서 정인격은 학문과 재능 및 인의를 존중하는 성격으로 인정이 많고 봉사정신이 강하며 전통을 고수하고 명예를 지키는 보수적 성격이다. 단점은 고집이 강하며 자신의 실력을 너무 믿고 타인을 무시하거나 편협한 생각에 치우쳐 다른 사람과의 마찰이 있기 쉽다. 정인격에 재성의 制化가 없다면 매사에 계획은 좋으나 실천력이 약하고 게으르기 때문에, 그리고 이상과 현실과의 괴리로 인한 비현실적 삶으로 인해 인생의 낙오자가 되기 쉽다.

3. 正印格의 직업적성

교육, 학원, 문화사업, 예술, 종교, 출판업, 정치, 번역, 통역, 행정, 응용미술, 작가, 창작적 업무 등의 분야와 인연이 있다.

4. 偏印格의 성격

편인은 사기와 위선, 병난과 이별, 도식의 별이다. 따라서 편인격은 매사에 기회주의적 성격이 강하고 자기위주로 살아가는 타입이다. 또한 좀 엉뚱하고 종잡기 힘든 성격에 신경이 예민하며 고독한 모습을 보인다. 하지만 편인격이 편재를 보고 잘 중화되어 있으면 정인격을 능가하는 차분한 성격이 된다. 특히, 편인격은 우수한 두뇌를 가지고 있는 사람이 많으며 잠재된 재능이 뛰어나고 호기심이 많아 연구력과 사물을 수용하고 이해하는 능력이 탁월하다. 대체로 신비주의에 가깝고 학문 또한 그런 쪽에 관심을 가지므로 철학적이거나 형이상학적인 분야에 관심을 갖는다.

5. 偏印格의 직업적성

여행사, 의사, 예능, 종교, 디자인, 인테리어, 골동품, 보석, 오락, 역술, 부동산, 가이드, 출판, 언론, 인쇄업, 요리, 호텔업, 이미용, 연예인 등의 직업과 맞는다.

6. 印綬格의 특징

인수격은 월령(月令)을 얻었으므로 득령(得令)했다는 것이다. 고로 부모와의 관계로서 부모덕의 유무를 살펴보는 것이다. 하지만 인수가 너무 많으면 多者無者로 부모와의 인연이 없다. 참고로, 득지(得地)는 배우자 덕, 득세(得勢)는 환경의 도움이다.

○ 인수격으로서 身太旺하면 모자멸자(母慈滅子)가 되어 母의 과잉보호 때문에 성공하기 어렵다. 하지만 인수가 순수하게 3合이나 6合이 되어서 印綬格을 이룬다면 훌륭한 인품을 갖춘 학자로 立身할 수 있다. 그러나 身太弱한 인수격은 주체가 너

무 약해서 발전하기가 어렵다.

○ 身旺官旺格은 주로 國家나 큰 조직에서 사법이나 행정계통의 관료가 되는데 身旺財旺格은 재경계에, 神旺食傷旺格은 교육계에 입신한다.

○ 인수격은 財星을 가장 싫어한다. 財剋印이므로 학마(學魔)이고 괴인(壞印)이 되기 때문이다. 그러나 인수가 太旺하여 病이 되는 경우에는 오히려 財가 있어야만 중화를 얻어 貴하게 될 수 있다. 재성이 기신이 되는 경우, 학창시절에는 재성을 학마살이라 하여 공부에 방해를 주는 인자가 되며, 직업전선에서는 貪財壞人이 되어 물욕이나 이성문제로 인해 불명예를 주는 인자가 된다.

○ 인수격이 官을 만나면 인수의 뿌리가 되고 官印相生으로 좋은데 만약 인수가 태왕하면 관성이 무력하여져서 세속의 명예와는 관계없는 예술, 종교, 철학에 심취한다. 수다금침(水多金沈), 화다목분(火多木焚), 금다토변(金多土變), 토다화식(土多火熄), 목다수축(木多水縮)이 그 경우다.

○ 인수격에서 인수와 식상이 균형을 이루면 배운 만큼 써먹게 되어 균형 잡힌 사주가 되지만, 식상이 太過하면 도기(盜氣)와 모쇠자왕(母衰子旺)에 해당하여 자기 꾀에 자기가 넘어가고, 평생 힘들게 일해도 어렵게 살아가야 한다. 반면에 인수가 太過하고 식상이 부족하면 도식(倒食)이나 상관상진(傷

官傷盡), 모자멸자(母慈滅子)가 된다. 특히, 상관상
진 사주에 운에서 다시 식상을 沖하는 운이 오면
파료상관(破了傷官)이 되는데 이 경우 '破了傷官 損
壽元'으로 수명이 다하게 된다.

7. 印綬格의 用神

일간이 약한데 식상이 많거나 관살이 많으면 인
성으로 용신을 삼는다. 일간이 약한데 재성이 많으
면 격과 용신이 서로 싸우므로 좋지 않은데 이러한
경우는 재인투전(財印鬪戰)이라 하여 세상사가 순
조롭지 못하게 된다. 부모가 밤낮없이 싸우는 것과
같다. 이때는 겁재를 용신으로 삼는다.

일간이 강하고 관성이 약하면 관성을 쓸 수 없어
식상을 용신으로 삼는다. 일간이 강하고 인성이 많
으면 재성을 용신으로 삼는다. 일간이 강하고 재성
이 많으면 관살로 용신을 삼는다. 인성이 많은데
천간에 관성이 있다면 관성의 설기가 심해 대운에
서 재성운을 만나야 관성을 생하고 인성을 제어할
수 있어서 좋고, 식상운은 재성을 생해주니 좋다.

인성이 약하여 일간이 약한데 사주에 관성이 있
다면 관인상생이 되어 좋다. 칠살도 加殺爲官으로
살인상생이 되어 좋다. 단, 官과 印綬가 相生이 잘
되어야 성립한다. 예를 들면, 卯木이 官이고 午火

가 인수일 경우, 子水가 官이고 卯木이 인수일 경우, 燥土가 官이고 金이 인수일 경우 등은 관인상생이 어렵다.

인수격이 신약한데 관인상생이 어려워 관살이 오히려 病이 될 경우에는 食神制殺格으로 식상이 용신이 된다. 반대로 관이 약한데 식상이 과다하여 식상이 病이 될 경우에는 制殺太過格으로 관살이 용신이 된다. 참고로, 制殺太過格이 운에서 다시 食傷운을 만나 관살이 더욱 심하게 타격을 입으면 盡法無民이 되어 안하무인이 된다.

일반적으로 財가 용신이면 食傷, 財운이, 官이 용신이면 財, 官운이, 食傷이 용신이면 食傷, 財운이 희신이 된다. 印綬나 劫財가 용신이면 印綬, 劫財운이 희신이다.

8. 印綬格 사주풀이 및 運 해석

富貴는 命에 정해져 있고 窮通은 運에 의해서 결정된다. 命을 나무라 한다면 運은 계절이라 할 수 있으며, 命을 자동차라 한다면 運은 도로라고 할 수 있다.

(1) 印綬用印格

　格도 되고 用神도 된다. 인생이 일방통행이다. 즉, 어렸을 때의 꿈에 변화가 없다. 오로지 공부에 매진하여 학계나 교육계로 진출하라. 신약하니까 인내력과 지구력이 부족하여 매사에 용두사미가 되기 쉽다. 따라서 사업과는 인연이 없다.

乙 癸 庚 戊　　乾
卯 未 申 戌

丙 乙 甲 癸 壬 辛　　大
寅 丑 子 亥 戌 酉　　運

　정인용인격이다. 格과 用神이 같아 일생에 큰 변화가 없고 소년시절의 꿈이 끝까지 간다. 조용한 것을 좋아하고 순진하다. 無財사주인데 정관, 정인, 식신이 힘이 있어 청렴하고 순수한 성품으로 국가를 위해 한 구실 할 인물이다. 신약하여 金水가 용신인데 본명은 大運이 金水로 向하여 大發한 사주이다. 癸水일간에 년주와 월주가 官印相生이 되고 卯戌 鐵鎖開金殺이어서 법관의 사주다. 서울고법부장판사로 재직하다가 현재는 법학전문대학원 교수로 재직하고 있다. 위 명조는 대운에 의해 相神이 바뀌는 경우인데 金水운에는 官에서 활동하다가 丙寅대운부터 食神格으로 바뀌어 현재는 교수로 활동하고 있다. 위 사주는 년지 戌土가 財庫다. 자식 낳고 처가 아프게 되는 사주이다. 다행히 혼전에 재고대운이 지나가 이별이나 사별은 하지 않았다. 丙寅대운부터는 처가 건강해지기 시작하여 현재는 남편에게도 할 말은 하는 사이가 되었다.

辛酉대운: 申酉戌 印綬局을 이루어 일찍 철이 들고 많은 독서를 했다.

壬戌대운: 正官대운이다. 학교생활에 충실했고 공부도 성실히 하여 서울법대에 진학했다. 다만 22세 己未년 戌未刑으로 財庫가 발동하여 부친이 암으로 사망했다. 月에 空亡이라 20대에 亡父로 인한 아픔이 있었다고 생각된다.

癸亥대운: 23세 庚申년에 사법고시에 합격하고 이듬해에 군법무관으로 입대하여 제대했다. 신강한 대운이고 戌癸合에 亥卯未木局이라 食神이 힘을 받아 30세에 결혼도 했다.

甲子대운: 최고의 대운이다. 癸水가 子에 祿根 되어 힘이 강해지니 내 인생의 주인공이 된다. 申子水局으로 나의 달란트를 마음껏 발휘하는 시기이니 만인의 주목을 받는다. 월지 三合으로 이동수도 있는데 주로 중앙에서 진급을 거듭하며 이동했다.

乙丑대운: 乙庚合으로 용신이 合去되고 丑土에 용신 庚金이 入墓 되니 모든 활동이 위축된다. 하지만 丑土는 水기운이 강하니 癸水의 뿌리가 되어 쓰러지지는 않는다.

丙寅대운: 傷官生財 대운이고 丙庚剋, 寅申冲이다. 용신이 파괴되니 퇴직하게 된다. 여기서 만약 이성을 탐한다면 貪財壞印으로 재산 날아가고 건강도 망친다. 다행히 寅卯木局에 乙木 투출이라 법학대학원 교수로 임용되어 행복한 나날을 보내고 있다.

(2) 印綬用劫格

월지에 부모를 놓았으나 부모가 힘이 없어 형제나 친구에게 의지하거나 자수성가해야 하는 팔자니 초년고생은 면할 수가 없다. 고로 항상 주변과의 처세에 신경 써야 한다. 신약하므로 사업 불가하다. 이런 사람은 남의 돈은 잘 벌어주나 내 돈은 못 번다. 평소 박력을 키워야 한다. 인수용겁격이니까 공부와는 별 인연이 없다. 하지만 財나 官이 잘 구성되어 있으면 강한 의지로 자수성가할 수 있다.

丁 丁 辛 丙　　坤
未 酉 卯 申

乙 丙 丁 戊 己 庚　大
酉 戌 亥 子 丑 寅　運

　편인용겁격이나　金木相戰으로　財印鬪戰이　되어
格이　깨졌다.　財印相冲으로　인해　父母의　사이가　좋
지　않고　인수가　깨졌으니　공부와　인연이　없고　부모
덕　또한　없다.　木火가　용신인데　월지　인수가　깨졌
고　년간　丙火는　丙辛合　되어　時干　丁火가　용신이고
木은　희신이다.　自立하거나　형제에　의지해서　살아
야　한다.　財多身弱으로　자기사업은　힘드니　직장생
활　해야겠다.　官이　없어서　남의　간섭을　싫어하고
결혼운　또한　약하다.　결혼　후에는　財가　인수에　비
해　강하고　또　근거리에서　冲剋하고　있어　시댁이　친
정을　무시하겠다.　하지만　대운이　인수와　관운으로
흘러　학창시절에　공부도　잘했고,　일찍　경찰　공무원
이　되어　총경까지　되었으며,　결혼　후에도　관대운이
재와　인성을　통관시켜　친정과　시댁　사이에도　아무
런　문제가　없었다.　원래　無官에　인수가　깨져있어
배우지　못하고　결혼과도　인연이　없는　명조인데　다
행히　대운에서　官印의　운을　만나서　大發한　사주다.
四柱不如大運인　것이다.　四柱　좋은　것은　大運　좋은

것만 못하다. 하지만 부모덕은 없어 庚寅대운 戊申년 13세 되는 해에 부모가 이혼하고 편모슬하에서 자랐다. 인수가 깨지면 남편사랑도 받기 어려운데 또 비겁 空亡이라 고독한 팔자이다.

庚寅대운: 천간 正財에 正印대운이다. 丁火 지혜의 별이 正印을 만나 공부를 잘했고, 正財의 생각으로 살았기 때문에 착실했다. 하지만 13세 戊申년에 寅申沖으로 부모가 이혼하여 편모슬하에서 어렵게 공부했다.

己丑대운: 財가 入庫되고 食神 대운이다. 財라는 현실에 억매이지 않고 食神의 꿈을 안고 열심히 공부하여 고등학교를 졸업한 후 일찍 경찰 공무원이 되어 성실히 근무했다.

戊子대운: 편관대운이다. 주경야독으로 야간대학교 법대를 다니면서 힘든 생활을 하던 중 졸업하던 해인 戊辰년 33세에 결혼했다.

丁亥대운: 亥卯未木局으로 印綬局을 이루었다. 진급을 거듭하며 총경까지 되었다. 하지만 己卯년 44세에 卯酉沖 배우자궁이 沖 되어 남편과 성격차로 이혼을 했다.

丙戌대운: 卯戌合 戌未刑이다. 乙酉년 50세에 어머니가 돌아가셨다. 未土 印綬庫가 발동했고, 卯戌合火 되어서 인수가 사라졌기 때문이다.

乙酉대운: 卯酉冲으로 정년퇴직을 하고 현재 손자를 돌보며 바쁜 일과를 보내고 있다.

(3) 印綬用食傷格

배움의 목적이 가르치는데 있고 후배양성에 있으니까 전형적인 교육자의 상이다. 食傷用神이니까 官인 명예나 감투도 필요 없고 오로지 자신을 희생해서 세상을 빛내는데 목적을 두고 있다. 남자가 식상용신인 사람은 항상 자식과 불화 등으로 자손궁이 미약하니까 자식의 인간교육에 힘써야 한다. 여자의 경우는 남편궁이 나쁘므로 자식보고 산다. 직업으로는 간섭을 받지 않는 독립된 직장 또는 자유업이나 교육자가 좋다.

```
癸 壬 癸 甲    坤
卯 午 酉 辰
```

```
丁 戊 己 庚 辛 壬  大
卯 辰 巳 午 未 申  運
```

정인용식신격이다. 酉月에 壬水일간인데 身强하고

년간 甲木이 시지 卯木에 뿌리하고 있다. 용신은 木火다. 식상 중에서도 水木식상은 특히 교육계와 인연이 있다. 위 命主는 20여 년 전부터 현재까지 서울 중심가에서 대형 유치원 원장으로 재직 중이다. 유복한 집안의 막내딸로 태어나 무난히 대학을 졸업하고 대기업을 다니다가 庚午대운 乙亥년 총신대 유아교육과에 진학하여 졸업하고 운수 좋게도 동업자를 만나 유치원을 운영하면서 최근에는 박사과정까지 마쳤다. 원생이 200명 이상이 되는데 최근에는 유치원법이 바뀌면서 힘들어하고 있다. 부부궁은 좋지 않다. 년지 辰土가 官인데 월지 酉金과 辰酉合金 되어 부부이별이 예고되어 있어서다. 己巳대운 戊子년 46세부터 현재까지 남편과 별거 중이다. 자식은 두 자녀가 있는데 우수한 두뇌에 일찍부터 성공의 길을 달리고 있다. 사주에 官이 약하여 남편과는 인연이 약하며 남의 간섭도 싫어하는 성격이다. 일지 午火 財가 희신이고 대운이 火木으로 向하여 財運이 좋다.

壬申대운: 편인대운이며 申子辰合水다. 인수운이라 유복한 집안에서 무난한 학교생활을 했다.

辛未대운: 午未火局 희신이다. 대학을 졸업하고 입사하여 직장생활을 했다.

庚午대운: 甲庚沖에 일지 伏吟이다. 목표에 변화가 생기고 일신상의 변동이 있는 대운이다. 총신대학에 입학하고 졸업하여 유치원을 시작했다.

己巳대운: 甲己合에 巳酉金局이다. 己土 官을 甲木 食神이 合하여 官이 변질되고 월지 가정궁에 변화가 있다. 巳午合으로 用神인 財의 기운은 강해진다. 유치원 사업은 승승장구 발전이 있었지만 戊子년 46세에 남편이 별거를 선언하고 홀로 낙향했다.

戊辰대운: 戊癸合으로 閑神인 癸水가 묶여서 壬水가 돋보이나 일간이 墓支에 빠져 어려움도 있겠다. 戊戌년과 己亥년 辰戌沖에 辰亥元嗔이다. 정부에서 유치원에 대한 감사 강화 및 관련법 개정 등으로 어려움을 겪고 있다. 하지만 辰酉合金이라 무난히 넘어가겠다. 辰酉合金이 되므로 墓支에서 벗어나고 또 金이 인수가 되므로 무사히 넘어가는 것이다.

丁卯대운: 丁癸沖에 卯酉沖으로 주변의 경쟁자들이 사라지고 사업체의 형태에도 변화가 있겠다. 木火用神이므로 변화는 좋은 변화이다. 자신만의 사업체에서 간섭받지 않고 안락한 삶을 살아가겠다.

(4) 印綬用財格

공부의 목적이 財의 취득이다. 財는 돈, 여자이다. 단, 인수가 강해 신강한 인수격이 財用神이면 이상과 현실이 잘 조화된 멋진 학자의 상이 된다.

```
甲 甲 丙 己    坤
戌 子 子 亥
```

```
癸 壬 辛 庚 己 戊 丁   大
未 午 巳 辰 卯 寅 丑   運
```

정인용재격이다. 月干 丙火가 힘이 없어 時支 戌土가 용신이며 火가 희신이다. 時上偏財格이다. 월간 丙火가 戌土에 根하고 대운이 木火로 흘러 정인용식신격으로 볼 수도 있다. 위 命主는 財星인 戌이 空亡이다. 그래서 무형의 자산을 취급하는 교육사업을 했다. 중앙대 설립자 임영신 총장의 사주다. 월간 食神에 월지 正印이라 머리가 명석하다. 또 子月生은 학문과 인연이 깊다. 인수가 과다해서 욕심이 많으며, 官이 원국에 없어 관에 대한 열망 또한 대단하다. 편재용신에 財空亡이라 물욕도 대단하다. 하지만 火와 金이 약해서 자식, 남편과의 인연은 없다. 다행히 대운이 木火로 흘러 甲木이 뿌리를 내리고 용신 운을 만나 직업적으로는 성공한 인생이 되었지만, 가정적으로는 무자식에 독신으로 삶을 마쳤다. 庚辰대운에 官의 지지 辰이 일지와 合이 되어 결혼은 했으나 水多金沈되어 바로 이혼했다. 인수가 태강한 사주는 官에 대한 요구가 지나쳐 官이 甚히 洩氣되므로 능력 있는 남편과는 인연이 없다.

丁丑대운: 亥子丑은 겨울이고 밤이다. 춥고 어두운 어린 시절을 보냈을 것이다. 하지만 유년기인 年支 亥水가 甲木의 長生이라 청운의 꿈을 안고 공부를 열심히 했겠다.

戊寅대운: 甲木이 祿根을 만나 일찍 철이 들었겠다. 인생의 목표를 정하고 매진했을 것이다. 열심히 공부하여 꿈과 명예를 이루겠다는 포부를 가졌겠다.

己卯대운: 羊印에 亥卯 木局, 子卯刑, 卯戌合으로 전 지지가 움직인다. 힘든 세월이었겠지만 인생은 旺支 대운을 지나면서 프로가 된다.

庚辰대운: 天干으로는 偏官이요 地支로는 子辰三合이다. 官印의 활동은 활발하나 결국 水多金浸이다. 이 시기에 결혼도 했으나 곧 이혼했다. 식신 丙火의 뿌리인 戌土가 辰戌沖으로 깨어지니 인생은 춥고 고달팠을 것이다.

辛巳대운: 火土용신이라 좋은 대운의 시작이다. 천간은 正官에 지지는 巳火가 들어와 巳戌로 食神生財가 된다. 巳亥冲은 기신 亥水를 희신 巳火가 冲하니 좋은 운이다. 이 시기에 대한여자국민당을 창당하고 총재가 되었으며, 중앙여자대학교(중앙대학교의 전신)를 설립했다.

壬午대운: 인생 최고의 대운인데 午戌로 火기운이 강하다. 월지와 일지가 子午冲으로 변동수가 큰 대운이다. 喜神運이 忌神을 冲하니 결과는 좋다. 이 시기에 4.19혁명과 5.16쿠데타가 있었고 신변의 변화도 있었다. 보수당인 자유당, 민주공화당 등에서 정치활동을 시작했다. 官에 대한 열망은 컸지만 無官사주라 자신이 원하는 지위까지는 오르지 못했다.

癸未대운: 戌未刑으로 土가 많아져 재산이 불어났고 조후용신인 火가 아직 살아있으며 대운 天干이 正印이라 정신적 안정도 취하였다. 하지만 未대운 후반부터 戌未刑에 甲木이 入墓되면서 건강이 약해지다가 1977년 79세로 劫殺운인 甲申대운에 卒 하였다.

(5) 印綬用官格

官印 2德을 겸비했다. 공부의 목적이 권력이나 명예에 있다. 관료의 직업과 인연이 있다.

乙 戊 丁 癸　乾
卯 辰 巳 未

庚 辛 壬 癸 甲 乙 丙　大
戌 亥 子 丑 寅 卯 辰　運

　정인용관격이다. 木이 용신이고　水가 희신이다.
건록격도 된다. 드넓은 대지위에 태양은 따사롭게
내리쬐고 토양은 물기가 촉촉하니 초원이 푸르다.
身旺官旺한 사주다. 월주 正印에 時上正官格이다.
정인, 정재, 정관 3盤物이 천간에 멋지게 떠 있다.
국가의 祿을 먹는 멋진 사주다. 일주가 干如支同이
고 健旺하여 세상의 중심인물이다. 다만 년간 癸水
정재가 약하고 丁癸冲 되어있으며, 일지 辰이 財庫
다. 일찍 결혼한다면 재혼할 가능성이 높으니 만혼
이 좋겠다. 자식궁에 정관이 용신으로 힘 있게 투
출되어있어 자식 또한 훌륭하겠다. 이러한 사주는
자식이 인생의 목표가 된다.

丙辰대운: 財가 入墓되는 운이다. 원국에서도 財星인
天干 癸水가 날아갔고, 日主 또한 戊辰 白虎에 財星인
水가 入墓 되었다. 백호까지 동하여 父가 돌아가셨다.

乙卯대운: 정관대운이 간여지동으로 들어온다. 용신운
이다. 학교에서는 반장이고 회장이다. 일찍 인생의 목

표가 정해졌겠다. 월주 인성이 튼튼하여 능력 있는 어머니 슬하에서 순탄한 학교생활을 했으며 일찍 행정고시에 합격하여 정부의 관료로서 사회생활을 시작했다. 正官용신이기 때문이다.

甲寅대운: 寅巳刑에 寅卯辰木局 편관대운이다. 역시 용신운이다. 편관운이라 기대이상의 진급도 많았고, 寅巳刑이라 권력기관에서 고위직으로 근무했다.

癸丑대운: 戊癸合에 巳丑 半合이다. 食傷生財, 財生官이다. 財經부서에서 근무했다.

壬子대운: 偏財대운이다. 또 財生官이다. 부와 명예를 누리는 삶이다. 또 이 시기에 水와 火가 균형을 이룬 삶이 되어 이상과 현실, 사회와 가정을 두루 캐어할 수 있는 균형 잡힌 삶이 되었다.

辛亥대운: 乙辛冲에 亥卯未 木局이며, 辰亥元嗔에 월지와 巳亥冲이다. 木局으로 관직은 유지하나 乙辛冲에 巳亥冲으로 한직으로 내려왔다. 辛金 傷官에 亥水 偏財는 일확천금에 대한 욕망이다. 경제적 실속을 챙기려는 뜻이 강해진다. 가치관의 혼란이다.

庚戌대운: 乙庚合에 戌未刑, 巳戌元嗔, 辰戌冲, 卯戌合이다. 丙戌년 64세 되던 해에 췌장암으로 세상과 하직했다.

II. 建祿格

1. 建祿格의 성립조건

월지에 12운성으로 건록을 놓은 경우, 육친으로는 비견을 놓은 사주를 건록격이라 한다. 단, 戊土와 己土의 경우 건록은 巳와 午이므로 편인에 해당한다. 日支에 비견을 놓으면 專祿格, 時支에 비견을 놓으면 歸祿格이다.

2. 建祿格의 성격

독립성과 의지가 강하여 타인을 의식하지 않고 매사에 임하므로 불화와 쟁론을 일으키기 쉽다. 자존심이 강하고 타인으로부터 지배당하기를 싫어하며 결단력과 추진력이 강하고 박력이 있다. 공사구분이 확실하고 청렴한 성품을 지녔으며 싫어하는 일은 절대 하지 않는다. 자기위주의 지배적인 스타일이라 부부간의 다툼이 많다. 하지만 官이나 食傷의 制化가 잘 되어있으면 훌륭한 가장에 나라에서는 큰 재목이 될 수 있는 貴命이 된다.

근본적으로 마음이 착하며 본인이 노력한 만큼의 대가 이상은 바라지 않는다. 주로 공무원과 인연 있다. 부모궁에 뿌리를 두어 장남, 장녀가 되거나 또는 그 역할을 하게 된다. 신강한 건록격은 한 번 정한 목표는 기어코 이루어내며 남에게 의지도 하지 않는다. 제 계절을 만나 得令 했으니 신체는 건강하고 자수성가도 이루지만 형제로 인한 고심(苦心)은 따른다. 부모가 부자면 성공하기 어렵고 가난하면 일찍 자수성가하는 경향이 있다. 부모가 부자면 剋財, 爭財하느라 세월을 보내기 때문이다.

3. 建祿格의 직업적성

프리랜서, 의사, 변호사, 언론사, 기자, 대리점, 스포츠, 유통업, 사진, 출장소장, 건축업, 납품업, 주유소, 미용실 등 간섭받지 않는 독립적인 직업과 인연이 있다.

4. 建祿格의 특징

월지가 일간과 같아서 자기일 하면서 정당한 대가를 받는 정직한 사주이다. 록은 비견이므로 신약사주에서는 吉작용을 하나 신강사주에서는 겁재역할이 되어 凶작용을 한다. 祿도 많으면 身太旺이 되니 比劫으로 변화되어 財官印이 몰락하기 때문이다. 재관인을 三盤物이라고도 하는데 이것이 무너지면 세상을 힘들게 살아가게 된다. 반대로, 건록격인데도 신약이면 先强後弱으로 용두사미가 된다. 이러한 경우 인수나 겁재운을 만나지 않으면 큰소리는 쳐도 지구력과 인내심이 없어 시작은 잘 하나 결과를 보지 못하여 좋지 못하다.

5. 建祿格의 用神

일간이 신약하고 식상이 많으면 인성을 용신으로 삼는다. 일간이 약하고 재성이 많으면 겁재를 용신으로 삼는다. 일간이 신강하고 인성이 많으면 재성을 용신으로 삼는다. 신강한데 겁재가 많으면 관살을 용신으로 삼는다. 하지만 일간이 심히 태왕하면 관살도 힘을 못 쓰니 식상을 용신으로 삼아야한다. 일반적으로 身旺한 건록격은 재성과 관성을 제일 기뻐한다. 身弱한 건록격은 財官을 감당할 수 없으므로 인성이나 겁재운에 대발한다.

6. 建祿格 사주풀이 및 運 해석

(1) 建祿用印格

건록격이면서도 신약하여 인수용신인 경우이다. 월지에 튼튼한 뿌리를 두고도 어머니에게 의지해야 하는 형세이다. 오로지 공부해야만 한다.

癸 己 丙 壬　坤
酉 酉 午 申

庚 辛 壬 癸 甲 乙　大
子 丑 寅 卯 辰 巳　運

　건록용인격이다. 火가 용신이고 土가 희신이다.
인수가 용신이니까 공부해야 한다. 無官사주라 조
직과 인연이 없는데 다행히 大運에서 官운이 들어
와 국립학교 교사가 된 사주이다. 인수와 식신이
잘 연결되어있고 또 관운을 만나 교사가 되었는데
원국이 食神生財의 기운이 강해서 기회가 올 때마
다 돈 욕심을 부릴 수 있다. 그러나 돈에 욕심을
부리면 水剋火로 용신인 火가 깨질 수가 있으니 조
심해야 한다. 辛丑대운 이후로는 관운이 지나가고
완전한 식신생재가 되니 학원사업 등에 손을 댈 수
가 있는데 조심해야 한다. 식상 庫에 용신 午가 丑
에 晦氣되니 사업에서 망하기 쉽기 때문이다. 또
한 월지 印綬에 일지가 食神이라 머리는 영리한데
인수에 비해 식신과 재가 강해 매사에 충분한 준비
없이 의욕만 앞서다가 사업에서 실패하기 쉽다.

乙巳대운: 巳酉 金局이다. 火운이라 좋을 것 같지만 좋
지 않다. 巳午보다는 巳酉로 合하는 기운이 강해 모든

행위가 財로 가기 때문이다. 財剋印으로 부모의 다툼이 심했다. 하지만 두뇌가 좋고 또 정인대운이라 공부는 잘했다.

甲辰대운: 甲己合, 辰酉合으로 甲木 정관이 일주와 합하고 또 자식궁인 酉金과 辰酉合하여 들어오니 사범학교를 졸업하고 교사가 되었으며 결혼도 했다. 辛巳년 22세 되던 해에 연예 중 임신되어 결혼은 했는데, 용신 火가 辰酉에 설기되어 좋은 운이 되지 않아 건달과 결혼했다.

癸卯대운: 편관대운이다. 또 卯申鬼門에 卯酉冲이다. 남편 때문에 힘든 운이다. 남편이 자주 외박을 했다. 桃花年인 辛酉년에 命主는 홧김에 바람을 피웠고, 癸亥년에는 亥卯合 官局이 자식과 배우자궁인 酉金과 冲되어 이혼했다.

壬寅대운: 寅午火局으로 용신을 도우니 안정의 운이다. 여기서 壬水는 원국 丙壬冲을 다시 冲하니 오히려 丙火가 冲에서 벗어난다.

辛丑대운: 丙辛合으로 용신 合去에 酉丑金局으로 金生水하니 운이 기울기 시작했다.

庚子대운: 申子水局에 子午冲이 일어나는 대운이다. 일간의 뿌리를 冲한다. 59세 되는 庚午년은 심장마비로 불록지객이 되었다.

(2) 建祿用劫格

격이자 용신이니까 신약하다. 일주의 유일한 뿌리가 용신이니까 환경의 변화는 금물이다. 한번 정한 목표는 끝까지 밀어부쳐야 하고 지구력과 인내심을 길러야한다. 나의 뿌리가 용신이니까 즉, 내가 용신이므로 부모덕이 없어 공부를 못 했으니 자수성가해야 한다.

丙 乙 己 乙　坤
戌 丑 卯 巳

乙 甲 癸 壬 辛 庚　大
酉 申 未 午 巳 辰　運

건록격인데 신약하다. 財多身弱이다. 건록용겁격으로 용신은 木이며 희신은 水다. 건록격이 先強後弱이 되어 시작은 좋은데 마무리를 못한다. 財多身弱으로 일은 많은데 돈 관리는 안 된다. 인수가 없어서 일에 순서가 없고 즉흥적이다. 木生火로 머리 회전은 빠르다. 신약에 食傷生財가 강하여 자기 꾀에 자기가 넘어간다. 丑이 官庫, 戌이 財庫, 食傷庫

이다. 恨이 많은 사람이다. 건강은 일점 水도 없고 土多木絶이라 木이 상처받아 肝이 약하다. 丑戌刑에 火가 약하여 몸이 冷하니 위장이 약한데 위암을 조심해야 한다. 직업은 財多身弱이라 사업은 힘들고 직장생활 해야 한다. 그런데 시상 傷官에 官庫를 놓아서 간섭을 싫어하며 조직생활을 싫어한다. 하지만 영업부서와는 인연이 있다. 위 사람은 인수가 없어 부모덕이 없고, 無官에 일지 官庫로 부부궁 또한 좋지 못하다. 大運 또한 忌神인 火金으로 向하니 不吉한 命이다. 일평생 고생이 많겠다.

庚辰대운: 乙庚合으로 서리 맞았다. 공부하는 나이에 직장운 들어오고 財운이 들어오니 일찍부터 직업전선에 나가야 한다. 辰이 印綬庫라 母親과 이별수 있고 학교와도 인연이 없다.

辛巳대운: 乙辛冲에 巳丑金局으로 편관이고 鬼라 고생이 심하고 건강도 나빠진다. 金剋木으로 일간의 뿌리를 치니 주거지가 불안하여 동가식서가숙인데 木生火로 열심히 일 해도 일지 巳丑合金이 일간 乙木을 剋하여 공은 남의 차지다. 이용만 당한다. 일지가 三合이니 신변의 변화가 많다.

壬午대운: 정인에 식신인데 桃花殺이니 식신도화가 되어 연예수 들어온다. 午戌火局에 丑午가 귀문, 탕화, 육해, 원진이다. 壬水가 정인이지만 胎支에 앉아 힘이 없다. 일지 귀문, 원진이라 하는 일마다 꼬이고, 탕화, 육해라 부부사이도 원수가 된다. 시지 戌이 돈인데 午戌 火局이 되니까 돈도 모이지 않는다.

癸未대운: 편인에 편재인데 丑未冲에 丑戌未 三刑이며 未는 癸水의 墓支다. 癸가 水生木 못한다. 편재운이라 일확천금을 노리는데 丑未冲으로 土가 더 많아져 재다신약이 심해지니 오히려 돈이 깨진다. 卯未木局은 冲과 刑 때문에 이루어지지 않는다. 오히려 土多木折이 되어 乙木이 꺾여버린다. 관재구설에 부부이별. 수술수다. 여기서 得病인데 肝질환과 위암을 주의해야 한다.

甲申대운: 甲木이 絶支에 앉아 乙木에게 도움이 안 된다. 거기에 申金이 가을이라 서리 맞고 낙엽지고 折木된다.

乙酉대운: 巳酉丑金局에 卯酉冲이다. 乙木의 뿌리가 없어진다. 財殺太旺으로 연약한 나무가 깊은 가을을 만나니 折木되어 살기 어렵다. 己酉년인 65세가 위험하다.

(3) 建祿用食傷格

신왕한 사주에 설기처가 있으니 행복한 사주이다. 지나친 자신감으로 경거망동하면 안 된다. 공

부에 매진하여 교육계로 나가면 좋다. 건강한 신체
에 운동신경 또한 발달했으니 운동선수나 무용가
또는 연예인으로도 대성할 수 있다.

```
丁 癸 甲 戊   坤
巳 卯 子 辰
```

```
戊 己 庚 辛 壬 癸   大
午 未 申 酉 戌 亥   運
```

　　건록용식상격이다. 상신은 木火이며 억부용신은
金水다. 현재 29세의 여자 한의사인데 페이닥터로
근무 중이다. 건록에 식상이 相神이면 교육계와 인
연이 있는데 이 여성은 子卯刑으로 식신에 刑이 붙
어 의사가 되었다. 大運이 水金으로 향하여 학업성
적이 우수했으며 辛酉대운에 의대를 졸업하고 취업
했다. 년간 戊土는 정관인데 이러한 구조의 命主는
조직과 인연이 있어서 대개 개업하지 않고 페이닥
터가 된다. 하지만 32세부터 庚申대운인데 인수운
이다. 아마 이때부터는 박사과정을 이수하고 한의
대 교수가 될 것이라 생각된다. 시지 정재 巳火가
공망이라 시간 편재 丁火도 공망이 되기 때문에 사
업과는 인연이 없으며, 또 官印相生되어 관운도 좋
아지기 때문이다. 그리고 戊午와 丁巳대운은 조후

가 좋아져 부유하고 행복한 노년생활이 될 것이다. 정관인 戊土가 힘이 있고 시주 재성 또한 강하여 능력 있는 남편과 인연이 있겠다.

癸亥대운: 亥卯木局으로 食神生財가 되어 격국과 相生되는 대운이다. 유복한 가정에서 장녀로 태어나 행복한 어린 시절을 보냈다.

壬戌대운: 정관대운인데 재성인 火가 入庫된다. 辰戌冲에 巳戌元嗔으로 父親이 교통사고로 돌아가셨다. 하지만 정관운으로 성실히 공부하여 경희대 한의대에 입학했다.

辛酉대운: 편인대운이다. 용신 운이지만 편인이라 인고의 세월을 보내며 공부에 매진했다. 졸업 후 큰 병원에 취업했다.

庚申대운: 정인대운으로 학업과 인연이 있겠다. 甲庚冲으로 상관을 冲하고 월지 子와 申子합이 되므로 가치관의 변동, 직장의 변동 있겠다. 박사과정을 이수하고 교수의 길을 걸을 것 같다.

己未대운: 월간 상관과 甲己合 되지만 卯未목국으로 식상의 뿌리가 강해진다. 또 조후가 살아난다. 의술을 인정받고 행복한 세월을 보내겠다.

戊午대운: 정관이 힘이 있다. 부와 명예를 얻는 대운이다. 남편도 잘 나가겠다.

(4) 建祿用財格

신왕재왕으로 富者사주다. 본래 이 격은 戊己土 일간을 제외하고는 겁재와 재의 싸움이기 때문에 식상이 있어서 통관시켜주는 것이 제일 좋다. 월에 일단 겁재를 놓았으니까 처를 지배할 수 있어 처덕은 있으나 처는 고달프다.

丙 戊 丁 戊　坤
辰 子 巳 戌

庚 辛 壬 癸 甲 乙 丙　大
戌 亥 子 丑 寅 卯 辰　雲

건록용재격이다. 水가 용신이며 金이 희신이다. 위 인물은 시인이며 의사다. 하지만 어린 시절 丙辰대운에 父 先亡하고 甲寅대운까지 인수에 힘이 집중되어 현실과는 동떨어진 생활을 했다. 신학대를 졸업하고 종교에 심취했으며 고아들을 보살피며 살았다. 癸丑대운 늦은 나이에 의술로 봉사활동을 하겠다고 마음먹고 미국으로 건너가 의대에 진학하여 의사가 되었고, 10여 년간 해외 봉사활동을 한 후 현재는 서울근교에서 병원을 운영하며 봉사활동을 계속하고 있다. 위 명조는 癸丑대운 이후 신왕한 인수격이 용신인 日·時支의 財와 균형을 이루었고 조후도 해결되었다. 신왕재왕으로 부자사주가 되었다. 다만 身旺한 사주가 命造에 官이 없고 官大運 또한 지나갔으며, 食傷인 金마저 없으니 결혼과는 인연이 약하다.

丙辰대운: 財星인 水의 墓支에 辰戌冲이며 火土가 너무 강하다. 父先亡이다.

乙卯대운: 木은 仇神이며 월지 인수 巳와 卯는 격각작용이 일어나 공부에 방해를 받았겠다. 卯운이 오면 巳가 약해지는 것이 격각작용이다.

甲寅대운: 寅巳刑에 甲木이라 木生火가 강하게 일어나 인수의 힘이 지나치다. 신학대에 진학하고 종교에 심취했다.

癸丑대운: 월지 巳丑金局에 일·시지 子辰에 계수가 着根하므로 水의 세력이 강하다. 용신의 운이 시작 된다. 그리고 月支 三合으로 이동수다. 그간 이상에 치우쳐 살았다면 이제부터는 인수와 재가 균형을 이루어 현실과 이상이 조화된 삶을 살아가게 된다. 丑은 식신의 묘지이다. 팔다리 묶어놓고 공부에 매진한다. 미국으로 유학하여 의대를 졸업했다.

壬子대운: 편재를 목표로 열심히 일했다. 하지만 丁壬 合木에 일지 子가 伏吟이다. 남자 또는 동료로 인해 財에 손상이 오고 주변도 편치 못한 점이 있으나 결국 용신이라 좋은 운이다.

辛亥대운: 상관에 편재대운이며 월지와 巳亥沖이고 일지와 亥子合이다. 용신이 들어와 기신을 沖하는 것은 좋은 변화이다. 辛金 또한 丙辛合水로 기신인 편인을 묶어 水로 변하니 좋다. 평안한 마음으로 새로운 환경에서 나의 일에 매진하는 운이다.

庚戌대운: 천간 식신대운이라 좋고, 지지 辰戌沖이지만 일지 子가 있어 辰 속의 水가 깨지지 않는다. 약간의 지출은 있겠으나 활발한 사회활동으로 행복한 삶을 살겠다. 다만 巳戌元嗔과 戌伏吟, 辰戌沖이 발동해 年柱 戊戌 손위 형제를 잃을 수 있으니 조심해야하겠다.

(5) 建祿用官格

전형적인 직장인이다. 공무원과 인연이 있다. 신왕하니까 관용신이다. 건록격은 官용신을 가장 높게 쳐준다.

庚 丁 壬 乙　乾
子 巳 午 未

丙 丁 戊 己 庚 辛　大
子 丑 寅 卯 辰 巳　運

　건록용관격이다. 午월에 丁火가 身旺하니 억부로 보나 조후로 보나 金水用神이다. 한 여름의 丁火가 시지 子水를 보니 조후가 잘 되어 있어 時를 잘 타고난 사람이다. 장래가 촉망된다. 丁火일주가 巳午未 火局에 根을 두어 신강해서 영리하며, 용신 壬水 정관이 시지에 뿌리하고 일간과 合하고 있으니 반듯하고 명예가 지속되는 사람이다. 또한 년간 乙木은 壬水를 己土濁壬으로부터 보호하고 있으니 금상첨화다. 丁己日 財官格이라 法政系가 좋다. 癸卯대운 卯未木局에 壬申년(26세) 정관이 일주와 합하여 들어와 사법고시에 합격했다. 金水運이 용신인데 46세 이후에 水運이 시작되니 大器晩成이다. 인성운인 46세 이전에는 지지부진한 運이다.

辛巳대운: 일지와 복음되고 巳午未로 火가 너무 강해 甲寅년 8세에 뇌막염을 앓았다.

庚辰대운: 子辰水局으로 용신운이다. 甲木 인수가 살아

- 75 -

나 공부를 잘했다. 단, 辰이 水의 墓支이므로 속전속결해야 한다.

己卯대운: 壬申년 26세에 사법고시에 합격했다. 하지만 卯未合木局 편인대운에 무관사주라 좋은 자리는 얻지 못했다. 침체기이다.

戊寅대운: 천간 戊土 상관에 월지 午火와 寅午合火되어 기신운이다. 또 이동수라 지방을 전전했다. 그러나 년 간 乙木이 戊土 상관의 凶은 막아준다.

丁丑대운: 巳丑合, 子丑合이다. 官이 강화되어 진급을 거듭하기 시작하는 운이다. 이 대운에 지방에서 서울로 발령 나고 고법부장판사까지 승승장구했다.

丙子대운: 용신인 水運이 강하고 조후도 완벽하다. 대법관도 될 수 있고, 출마하면 국회의원도 될 수 있는 운이다. 부귀영화의 운이다.

III. 羊刃格

1. 羊刃格의 성립조건

양인이란 12운성으로는 旺支이며 육친으로는 比劫인데 양간이 월지에 旺支를 놓으면 양인격이 된다. 하지만, 戊土 일간의 경우 양인격은 월지가 12운성으로는 왕지가 맞지만 육친으로는 비겁이 아니고 正印에 해당한다. 한편 음간이 월지에 冠帶支를 놓으면 陰刃格이라 불리는데 본 장에서는 양인격만 취급한다. 사실 음인격은 양인격보다 고집이 더 강하다.

2. 羊刃格의 성격

월지가 旺支라 자신이 계절의 주인이자 王이므로 고집불통이고 매사에 임전무퇴, 전이불항(戰而不降)의 자세로 임한다. 강압적이고 폭력적인 성격에 승부기질이 강하고 야심 또한 크다. 투기나 도박 등 요행을 좋아해서 사주에 制化해주는 인자가 없으면 투기나 도박으로 파산할 수도 있으니 조심해야한다. 자아가 강하기 때문에 먼저 남을 해치지는 않지만 타인의 공격이 있다면 결코 참지 않는다. 장점으로는 리더쉽이 뛰어나고 매사에 결단력이 있으며, 솔직한 성격에 의리와 신용을 중시하여 강자에게 강하고 약자에게는 약하다.

3. 羊刃格의 직업적성

기술, 스포츠, 창고관리, 경호원, 경비원, 기자, 투기업, 유흥업, 요식업, 수금업, 요리사, 운수업, 조각가 등 독립적이고 억센 직업과 인연이 있다.

4. 羊刃格의 특징

양인은 힘과 무기를 의미하므로 직업으로는 格局에 따라 군인, 경찰, 의사, 법관 등 생살권을 다루는 직업과 인연이 있다. 월지가 劫財니까 부모와 형제덕이 없어 자수성가해야하며, 일찍부터 장남구실을 해야 하므로 철이 빨리 든다. 자기계절에 태어났으므로 신체는 건강하나 劼財로서 수술과 인연이 있다. 時支에 양인이 있으면 말년에 수술 받거나, 친구의 배신, 파재, 부부이별을 경험할 가능성이 크다. 양인이 있는 곳에는 편관이 있어야 羊刃合殺이 되어 좋다. 그 외에 일지에 양인을 놓은 경우를 日刃格이라고 하는데 일인격으로 丙午, 戊午, 壬子가 있다. 천간의 비겁도 힘이 있으면 양인격의 작용을 한다.

양인이란 무기와 같아서 좋게 작용하면 보검이고 나쁘게 연결하면 흉기이다. 고로 신약에는 吉이고 신왕이면 凶이다. 신약사주에서 양인은 일간의 힘을 강화시켜주므로 吉神이 되지만, 凶神인 편관이 있을 경우 양인합살(羊刃合殺), 매씨합살(妹氏合殺), 살인상정(殺印相停), 권인상정(權印相停)이 되어 양인은 더욱 빛을 발한다. 신왕사주에서 양인격이면 비겁태왕이 된다. 그러면 財官印 몰락으로 羊刃無格이 되니 탈재, 극재, 극부, 극처로서 가난하고, 몸이 상하고, 父, 妻와 인연이 멀어지며, 일정한 직업을 갖기도 어렵다. 양인과 대척되는 개념으로 飛刃이 있는데 비인이란 양인을 冲하는 인자로서 양인격에 비인이 있으면 양인의 작용이 사라진다.

5. 羊刃格의 用神

살인상정 상태에서 양인이 식상을 생하고 있는 경우나 관살이 없는 양인격에서 양인이 식상을 생하는 경우에 식상이 용신이 된다. 양인격에 인수가 많고 관살과 식상이 없고 재가 있으면 재를 용신으로 삼는다. 양인격으로 일간이 약한데 관살이 혼잡되어 있을 경우 그 관살 중 七殺을 合去하여 殺印相停하고 있을 때 남아있는 正官을 용신으로 삼는다.

신약한 양인격은 대개 吉하다. 특히, 칠살이 있어서 살인상정, 양인합살이 되면 貴格이다. 하지만 일간이 강한 양인격 사주에 관살이 없거나 미약한데 양인이 중첩되면 財가 타격을 받아 흉하다. 이때는 반드시 칠살운을 만나야 한다. 신태왕 사주에서 양인이 편인운을 만나면 剋財가 심하고 식상이 剋을 받아 妻에게 産厄이 있고, 時에 양인이 있는데 겁재운을 만나면 妻産亡이다. 따라서 인수나 겁재운은 凶하고 관살운이 吉하다. 결국, 신약한 양인격은 인수나 겁재운에 吉하고, 신강한 양인격은 탈재, 극부, 극처하여 凶하므로 칠살을 만나야 吉하다.

6. 羊刃格 사주풀이 및 運 해석

(1) 羊刃用印格

格과 用神이 相生하고 있으나 인수가 용신이니까 일간이 약하다. 힘으로 밀어붙이고 싶으나 신약하니 주위의 도움을 받아야 한다. 주변에 적을 만들지 않아야 한다. 양인격이라 첫인상은 강하게 보이는데 인수가 용신이니 의외로 순진하다.

壬 丙 甲 辛 乾
辰 申 午 丑

戊 己 庚 辛 壬 癸 大
子 丑 寅 卯 辰 巳 運

「자평진전명주」에 나오는 어느 승상의 명조이다. 羊刃合殺格인데 상신은 壬水이며 용신은 木과 火이다. 여기서 양인합살은 양인이 강한 칠살을 합하여 일간을 보호하는 경우이다. 申辰水局에 壬水 칠살이 투출되고 甲木이 시지 辰土에 뿌리하고 있으며 대운도 火와 木으로 흐른다. 칠살을 잘 쓸 수 있어 벼슬이 승상까지 오른 팔자이다.

癸巳대운: 巳午合으로 일간의 뿌리가 강화되어 좋은 운이다. 또 巳申合으로 壬水가 힘이 약화되어 일간이 강화된다.

壬辰대운: 申辰水局으로 相神 칠살이 힘이 있다. 좋은 운이다.

辛卯대운: 卯辰合木이 양인을 生한다. 또 천간 정재에 지지 정인운이다. 관료로서 안정적인 자리에서 일한다.

庚寅대운: 寅木이 寅午合으로 양인을 生한다. 위 辛卯

대운보다 格이 더 높아지는 좋은 운이다.

己丑대운: 己土 상관이 편관 壬水와 己土濁壬이 될 것 같지만 뿌리가 약할 뿐 아니라 甲己合이 되어 壬水 칠살이 보호 받는다. 좋지도 나쁘지도 않는 운이다. 그럭저럭 지나간다.

戊子대운: 申子辰水局으로 칠살은 강해지는데 子午沖으로 일간의 뿌리인 양인이 깨어지니 옷 벗는다.

(2) 羊刃用劫格

格이자 用神이다. 인수가 없어서 비겁이 용신이 되었다. 따라서 부모덕 없고 공부와 인연이 없어 단순무식하다. 매사에 신중하지 못하고 밀어붙이다가 당한다. 인덕이 없기 때문에 스스로의 힘으로 세상을 살아가야하니 최소 한 가지의 기술정도는 익혀야겠다. 주변에 흔들리지 말고 주체성을 가져야 한다.

丙 庚 丁 丙　乾
戌 午 酉 午

癸 壬 辛 庚 己 戊　大
卯 寅 丑 子 亥 戌　運

양인용겁격이다. 신약한 사주에 칠살 丙火를 양인이 合하여 去殺留官이 되는 사주이므로 월지 酉金이 용신이고 월간 丁火가 상신이다. 하지만 大運이 水운으로 시작되어 용신이 바뀌게 되는데 본 命造는 관살이 너무 강하고 조열하여 식상인 水를 써서 食傷制殺하고, 강한 火의 기운을 水로 조후하는 것이 좋으니 水가 용신이 된다. 그러나 水運이 끝나는 壬寅대운부터 용신은 다시 酉金으로 바뀌게 된다.

현재 중앙지 신문사 사장으로 활발하게 활동하고 있는 사람이다. 식상제살격과 어울리는 직업이다. 원국에 일점 水도 없다. 조열한 사주이므로 건강을 염려해야 하는데 다행히 대운이 水 대운으로 시작되어 젊은 시절은 무난히 넘어가지만 乙巳대운 이후에는 건강이 심히 염려된다. 이때부터는 대운이 반대로 흐르는 남반구로 이민을 가면 좋겠다.

戊戌대운: 酉戌合金으로 일간의 뿌리가 강화되니 나쁘지 않다. 또한 土는 旺한 火를 설기 시켜 官印相生이 되므로 무난한 어린 시절을 보냈다.

己亥대운: 조후용신을 만났다. 己土 정인에 亥水 식신이다. 食神制殺로 旺한 관살을 식신이 조절해준다. 학업성적이 우수하여 서울법대를 졸업하고 신문사 기자로 입사했다.

庚子대운: 用神인 상관대운이고 子午沖의 환경이다. 한국과 외국을 오가며 아낌없이 능력을 발휘했다. 子午沖은 원거리 이동수다.

辛丑대운: 丙辛合으로 확실한 去殺留官이 되었고 酉丑合으로 일간이 강화되었다. 성실한 직장생활로 진급을 거듭했다.

壬寅대운: 식신에 편재대운인데 丁壬合으로 去官留殺이 되고, 寅午戌火局으로 財生官이 되는데 三合이 되어 오히려 火기운이 안정된다. 이 대운에 상신이 정관에서 편관으로 바뀌어 사장이 되었으며, 현재는 서울의 모구 구청장으로 출마를 준비 중에 있다. 좋은 결과가 있을 것으로 생각된다. 이 대운부터 다시 용신이 酉金으로 바뀌어 羊刃合殺格이 된다.

癸卯대운: 丁癸沖 卯酉沖이다. 직장궁인 월주가 무너지며 일간의 뿌리가 깨진다. 은퇴하는 운이며 건강도 문제 된다.

(3) 羊刃用食傷格

양인격이 신강한데 식상을 용신으로 쓰는 경우이

다. 가득 차있는 기운이 식상으로 설기 되므로 매사에 자신감 있고 언변이 좋으며 머리도 영특하다. 하지만 지나친 자신감으로 안하무인이 되어 경솔하기 쉽다.

壬 丙 戊 戊　坤
辰 午 午 辰

壬 癸 甲 乙 丙 丁　大
子 丑 寅 卯 辰 巳　運

　위 사람은 피앤지(P&G)에서 일하다가 현재는 아마존에 근무하고 있는 32세 여성이다. 羊刃用食神格이며 用神은 戊土다. 또는 羊刃合殺格 또는 制殺太過格으로 편관 壬水가 용신이 되는 時上一位貴格으로 볼 수도 있다. 여기서는 양인합살 상태에서 식신이 강하고 大運 또한 火木으로 向하여 식신 戊土을 용신 및 상신으로 삼는다. 양인합살이라 편관이 식신으로부터 보호는 받겠지만 식신이 너무 강해 자칫 지나친 자신감으로 안하무인이 될 수가 있다. 인수가 식신을 조절해주면 좋겠다. 용신과 조후용신이 달라서 사회적으로 잘 나갈 때 가정적 또는 심리적 행복도는 낮을 수가 있겠다. 식신이 강해 창의력과 표현력, 설득력이 뛰어나고 외국어 능력 또한 뛰어나다. 편관 壬水가 조후에 중요한 역할을 하고 있는데 辰土가 官庫다. 아내의 말을 잘 들어주는 멋진 남편을 만나겠다. 乙卯대운 己亥년 32세에 결혼했다. 월지와 일지가 伏吟을 이루고 있고 년지 辰土가 官의 墓支이다. 부부이별이 염려되는데 그 시기는 39세가 되는 甲寅대운 丙午년이 위험하다. 하지만 이 시기를 잘 넘기면 癸丑대운부터는 壬水가 살아나 행복한 나날들이 되겠다. 癸丑대운부터는 용신이 壬水 官星으로 바뀐다.

丁巳대운: 格을 깨지 않는 대운이다. 자신감 있고 씩씩한 어린 시절을 보냈겠다.

丙辰대운: 丁巳대운과 마찬가지로 겁재와 식신이 왕성해지는 운이라 자기의 색깔대로 무난한 시기를 보냈겠다.

乙卯대운: 정인 대운이다. 강한 식신을 조절하기 때문에 절제된 표현력과 인내심 그리고 겸손함이 길러지는 시기이다. 官과 印綬가 잘 어우러져 원하는 직장에 취업하고 진급도 잘 되는 운이다. 결혼도 했다.

甲寅대운: 寅午火局에 丙일간이 매우 강해진다. 또 寅辰 격각살이 작용한다. 壬水 편관이 힘을 잃는다. 寅운에는 辰이 격각되니 시지 壬辰이 힘을 잃는다. 부부이별수가 있겠다. 직장에 대한 갈등 그리고 편인대운이라 건강도 염려된다. 하지만 다음 대운부터 조후용신인 水운이 시작되고 용신 또한 壬水 官星으로 바뀌므로 가치관의 변화와 함께 새로운 인생이 멋지게 전개되겠다.

癸丑대운: 편관 壬水가 살아나기 시작하는 대운이다. 남편의 얼굴이 빛나 보이고 능력 있게 되며 나를 행복하게 해준다. 사회적으로도 명예가 빛난다. 기업의 임원 또는 정치인이 되는 기운이다. 빛나는 인생의 시작이다.

壬子대운: 子辰水局으로 조후용신이 강하게 들어오므로 사주가 균형을 이룬다. 아주 좋은 운이지만 호사다마라고 했다. 水와 火의 충돌로 심장질환이 염려된다.

(4) 羊刃用財格

格과 用神이 相戰하고 있지만 身旺으로 통솔력, 정복력, 개척정신이 강하다. 양인격에 신강하니까 매사에 성급하며 절차를 무시하는 독재자가 되기 쉽다. 그래서 양인용재격에는 食傷이 通關을 해주어야 멋진 사주가 된다.

丙 丙 甲 丙 乾
申 午 午 寅

庚 己 戊 丁 丙 乙　大
子 亥 戌 酉 申 未　運

　양인용재격이다. 하지만 조후가 무너졌다. 申金 속의 壬水를 더 반긴다. 金水가 용신이다. 육군 상사로 근무하고 있는데 戊戌년인 현재 33세이다. 2년 전인 丙申년부터 도박하는 동료에게 수차례에 걸쳐 1억이 넘는 돈을 빌려주었다. 群劫爭財가 되어 높은 이자가 욕심나서 빌려준 것이다. 다른 동료들도 빌려주었는데 결국 그 사람들 중 한명이 그 도박꾼을 고소하게 되어 군대 내에 소문이 나기 시작했다. 돈도 돈이지만 자칫 군복을 벗을 위기에 처해진 상태다. 설상가상으로 이 사실을 알게 된 부인은 이혼을 요구하고 있다. 군겁쟁재 사주로 처의 건강도 염려되는 사주이다. 戊戌대운은 旺한 丙火가 入墓 되므로 일신상 어려움이 많은 시기이다.

乙未대운: 午未로 火가 치열해진다. 또 인수가 묘지에 빠졌다. 힘든 시절이겠다. 부모덕이 없다.

丙申대운: 용신 운이다. 驛馬에 편재대운이다. 자수성가를 위해 일찍 직업전선에 나서야 한다. 직업군인으로 근무를 시작했다.

丁酉대운: 정재대운으로 결혼을 했으며 안정적인 군대

생활로 상사까지 진급을 했다. 하지만 대운 말인 丙申년부터 높은 이자를 준다는 동료의 말에 속아 도박하는 동료에게 돈을 빌려주기 시작했다. 이때가 三災運이면서 대운과 세운 모두 천간 겁재에 지지 정/편재운이었다. 군겁쟁재 運이므로 돈 욕심에 친구에게 투자한다면 받기 어려운 운이다.

戊戌대운: 식신대운이지만 燥土로 生金이 되지 않는다. 또 寅午戌 火局에 丙火가 墓支에 처해있다. 戊戌년이 특히 힘들다. 하지만 己亥년이 다가오고 있고, 다음 대운이 또 水대운으로서 運을 견인하게 되므로 현재 벌어지고 있는 소송문제나 이혼 문제는 잘 해결 되겠다.

己亥대운: 水대운의 시작이다. 조후용신의 운이다. 운이 좋아지기 시작한다. 가정적으로도 행복하고 사회적으로도 일이 잘 풀리겠다.

庚子대운: 申子水局으로 최고의 운이다. 하지만 子午冲이다. 사회적, 가정적으로 승승장구하지만 건강 특히 혈관질환을 조심해야하겠다.

(5) 羊刃用官格

힘이 강한 양인격 사주에 자제할 수 있는 官을 용신으로 쓰고 있으니 국가의 기둥이 된다. 명예를 소중히 여기며 권력기관과 인연이 깊다. 결혼한 후에 더욱 발전한다. 즉, 어느 사주든지 財나 官이 용신이면 결혼 후에 더욱더 발전한다.

丁 庚 辛 戊　乾
亥 午 酉 辰

丁 丙 乙 甲 癸 壬　大
卯 寅 丑 子 亥 戌　運

　양인용관격이다. 하지만 대운에서 水운이 먼저와 양인용식상격으로 시작했다가 丙寅대운부터 양인용관격이 된다. 己亥년 현재 32세되는 탤런트의 사주이다. 조후가 잘 되어있고 신왕하며 용신 丁火가 일지에 튼튼히 뿌리하고 있다. 年柱 편인도 튼튼하다. 두뇌가 우수하다. 초년은 편인과 식상이 잘 조화되어 공부도 잘 했지만, 이어지는 식상운으로 인하여 예술계통으로 진로가 정해졌다.

壬戌대운: 천간 식신에 지지 편인대운이다. 두뇌활동이 활발하여 학업성적이 우수했다.

癸亥대운: 일류대 법대에 입학했으나 포기하고 적성에 맞지 않아 다음해에 연극영화과에 진학했다. 시나리오도 쓰면서 활발하게 연예계활동을 했다.

甲子대운: 子辰水局 식상운에 子午沖이다. 바쁘게 활동 중이다.

乙丑대운: 일간의 墓支이며 乙辛沖에 酉丑三合이다. 월간 沖이나 월지 三合운에는 직장변동이 많다. 연예인 활동을 하면서도 변신을 준비할 것이다. 접목대운이며 다음 대운부터 관성인 火를 돕는 木대운이 시작되기 때문이다.

丙寅대운: 寅午火局에 丙辛合이다. 去殺留官이며 천간 비겁을 묶어준다. 9大運이므로 나이도 50이 시작된다. 큰 조직에서 높은 직위에 있게 되겠다.

丁卯대운: 亥卯木局에 卯酉沖이다. 직업의 변화와 함께 큰 富와 명예를 얻는 시기이다. 辰酉六合으로 酉는 깨지지 않는다.

(6) 羊刃用殺格(殺印相停, 羊刃合殺)

양인용관격인데 특히 편관일 경우 양인과 편관이 합이 되어 양인의 거센 기운을 편관이 합을 해서 강한 일간을 조절해주고, 또 편관이 너무 강할 경우에는 양인이 편관을 합해서 편관의 기운을 조절해주는 역할을 한다. 이를 살인상정격 또는 양인합살격이라 부른다.

○ 調候가 균형을 이룬 팔자

丙 庚 癸 己　乾
戌 寅 酉 亥

丁 戊 己 庚 辛 壬　大
卯 辰 巳 午 未 申　運

　사주첩경에 있는 사주다. 양인용관격, 살인상정격이다. 양대 정승의 사주인데 본인도 장관이고 아들도 장관이다. 위 사주는 木火 陽에 비해 金水 陰이 강하다. 木火가 조후용신이다. 대운이 멋지게 흘러간다.

壬申대운: 일간의 녹지이다. 자아가 강해지는 운이다.

辛未대운: 陽의 기운이고 亥未木局이다. 木生火로 용신 편관이 살아난다. 좋은 운이다. 하지만 편재의 墓支이다. 父先亡의 가능성이 있다.

庚午대운: 용신 丙火의 旺支이며 寅午戌火局이다. 높은 벼슬에 오르겠다.

己巳대운: 巳酉三合으로 부서변동이 많고, 寅巳刑으로 火가 강해지며, 巳亥沖으로 亥水가 沖 받으니 용신 丙

火는 더욱 강해진다. 결국 변화가 많은 환경 속에서 꾸준한 명예의 상승이 있겠다. 자식도 잘 나가겠다.

戊辰대운: 인수대운이다. 안정적인 생활을 하겠다.

丁卯대운: 천간 정관에 亥卯木局, 寅卯로 木의 세력이 강해진다. 희신이다. 하지만 卯酉冲으로 양인이 冲 받아 부서의 변동이 있겠다. 金이 왕한 木의 타격을 받아 건강에 이상이 있겠다. 火의 기운이 약할 때 卯酉冲의 피해는 더 크다.

○ 調候가 맞지 않은 팔자

戊 壬 甲 戊　乾
申 戌 子 辰

庚 己 戊 丁 丙 乙　大
午 巳 辰 卯 寅 丑　運

　강박증과 자폐증으로 고생하고 있는 현재 31세의 청년이다. 편관 戊土가 용신으로 양인합살격이다. 격국으로는 훌륭한 사주이지만, 사주가 너무 얼어 조후가 깨져있다. 건강적으로는 월간 甲木이 얼어있어 간질환이 염려된다. 이러한 사주는 윌슨병이나 자폐증을 앓기 쉽다. 火운이 오기를 기다려야 한다. 또는 적도 근처로 거주지를 옮기면 도움이 된다. 격국과 용신은 완벽하지만 조후가 무너져 격국의 이론이 적용되지 않는 팔자이다.

乙丑대운: 꽁꽁 얼었다. 또 丑戌刑으로 戌속의 丁火가 깨지고 丑은 急脚殺이다. 간이 꽁꽁 얼었다. 자폐증으로 병들었다.

丙寅대운: 寅申冲, 辰戌충이 작동하여 火가 깨진다. 그리고 寅대운이면 아직 陰氣가 강하다. 용신 편관은 식신과 싸우고 있다. 학교를 중퇴하고 집에서 지내기 시작했다. 부친과 자주 다툰다.

丁卯대운: 子卯刑에 卯申鬼門이다. 木이 刑을 받아 자폐증이 더욱 심하다. 甲木 식신이 왕지를 만나 용신의 破剋 또한 심하다. 아직 힘든 세월을 보내고 있다.

戊辰대운: 용신인 편관대운이지만 申子辰 三合에 辰戌冲이다. 戌 속의 지장간 火가 깨진다. 위험하다. 우울증이 심해진다. 이때는 火운이 강한 적도 근처에 머무는 것이 좋겠다.

己巳대운: 이때부터 살아나기 시작한다. 얼어있던 肝이 녹기 시작하고, 火生土로 용신도 살아난다. 이때부터는 격국과 용신이 작동하여 철이 들겠다.

庚午대운: 午戌火局에 庚金이 기신 甲木을 극한다. 최고의 대운이다.

IV. 食神格

1. 食神格의 성립조건

첫째, 월지의 지장간 중 식신이 천간에 투출되어 있을 때, 둘째, 식신이 투출되지 않았을 때는 월지의 지장간 정기가 식신일 때, 셋째, 월지에서 격국 용신을 찾을 수 없는 경우인데 이때는 팔자 중에서 세력이 가장 강한 인자 즉, 사주의 핵심이 되는 인자가 식신일 경우이다.

2. 食神格의 성격

온화한 성격으로 예의가 바르고 풍류를 좋아하는 낙천주의자다. 여행을 좋아하고 미식가로 대인관계가 원만하고 처세술도 좋아 사람들이 따르는 상이다. 인정이 많고 아랫사람들을 잘 돌보며 희생정신이 강하다. 넉넉한 신체에 낙천적인 성품으로 육체적, 정신적으로 건강하며 세련미가 있다. 오감이 발달하여 문학과 예술 감각이 풍부하며, 창의력과 표현력이 뛰어나 식신격 중에 교수가 많다.

손재주가 좋고 사무처리 능력 또한 완벽하다. 마음이 여려 다툼을 싫어하며 친절하고 자상하다. 하지만 신약하면 시작은 잘하나 마무리가 약하며, 계획은 잘 세우지만 실천은 잘하지 못한다. 또한 우유부단한 성격으로 적극성과 결단력이 부족하며, 매사에 다투거나 따지는 것을 싫어하여 양보하다 보니 손해 보기 쉽다.

3. 食神格의 직업적성

교수, 의사, 연구원, 생산, 예술, 종교, 육영사업, 음식점, 사회복지사, 서비스, 농업, 식료품업, 도매업 등 표현하고 생산하고 유통하는 직업과 인연이 깊다.

4. 食神格의 특징

식신이란 我生者로서 능력의 활용 또는 경험을 통해 지능을 높이는 수단이다. 식신은 욕구가 지향하는 무의식적 시행을 의미하니 하고 싶은 일을 하는 것이다. 따라서 식신격은 신강해야 한다. 인수의 배움이 있거나 겁재의 힘이 있어야 한다. 식신은 신강해서 식신을 이용할 줄 알면 빛을 발해 吉로 작용을 하는데, 만약 신약하면 식신에 의해 일간이 좌우되므로 凶으로 작용하게 된다. 그러나 신강한 사주라도 식신이 편인에 의해 극을 받으면 倒食이 되어 밥그릇이 깨지고 생명까지도 위험하게 된다.

○ 食神의 또 다른 의미는 밥그릇이요 옷과 밥이다. 의욕적으로 일을 하면 옷과 밥이 생기기 때문이다. 식신은 재성과 연결이 되면 실속이 있다. 식신생재가 되어 일에 대한 결과물을 얻기 때문이다.

○ 식신은 문창귀인(文昌貴人)이며, 염라대왕인 七殺을 눌러주니 壽星이다. 머리 좋고 장수한다.

○ 식신 중에서도 陽日干의 식신이 陰日干의 식신보다 좋다. 식신생재가 잘 되기 때문이다.

○ 심광체반(心廣體胖)으로 마음이 후덕하고 도량이 넓으며 식성이 좋아 살찐 체격이 많다. 세상 사는데 걱정이 없다. 食神有氣면 勝財官이라 했다. 식신이 튼튼하면 재관보다 더 좋다.

○ 식신은 희생이 갱생이다. 내가 먼저 베풀어야 사는 길이다. 상관은 비판적이고 엇나가는 기운인데 반해 식신은 착한 성품이다. 식신은 나보다 아랫사람이니까 약자를 도와준다.

○ 식신은 칠살을 극하니까 권력을 두려워하지 않는다. 남자의 경우 자식에게는 인색하나 남의 자식에게는 관대하다. 그것은 食神剋官이므로 남의 자식이 내 자식보다 똑똑해 보이기 때문이다. 여자의 경우 식신격은 예술계통과 인연이 많은데 대개 자식궁은 좋으나 남편궁이 나쁘다.

○ 식신제살격의 경우 食居先 殺居後가 되는데 여기서 食神과 官이 균형을 이루면 의식이 풍족하고 貴格사주가 된다.

○ 식신격이 신약하고 식신이 태왕하면 상관과 같은 역할을 하여 盜氣로서 인생에서 실패하기 쉽다. 여기에 財星까지 받쳐준다면 子旺母衰, 多者無者, 財多身弱이 되어 빈궁하게 된다.

5. 食神格의 用神

일주가 약한데 식신이나 상관이 많거나 관살이 있으면 인성을 용신으로 한다. 일주가 약한데 재성이 많으면 겁재를 용신으로 한다. 일주가 왕한데 겁재가 많으면 식상을 용신으로 한다. 일간이 강하고 인성이 많거나 식상이 많으면 재성을 용신으로 한다. 일주가 강한데 재성이 많으면 관살을 용신으로 한다. 이 경우 관살과 인성은 떨어져있어야 좋다.

식신격은 우선 신강해야 한다. 신강해야 我生者 할 수 있기 때문이다. 식신격에 겁재가 많으면 식신이 용신인데 식상운과 재성운에 발복한다. 편인운을 만나면 가난해지거나 요절한다. 식신격에 인성이 많으면 재성이 용신인데 식상운과 재성운에 발복한다. 이 때 겁재운을 만나면 용신인 재성이

剋 받아 가난해진다. 식신격에 식상이 많으면 인성
이 용신인데 인성이나 겁재운에는 발복하나 식상운
이나 재운에는 가난해지거나 요절한다.

6. 食神格 사주풀이 및 運 해석

(1) 食神用印格

식신격인데 신약해서 인수가 용신이 된다. 즉,
관살이 왕하거나 식상이 왕해서 인수를 용신으로
쓰는 경우이다. 이 경우는 가르치기 위해서 배운
다. 먼저 가르치고 나중에 배워야하는 팔자다. 늦
은 나이까지 공부해야한다. 내가 가르친 학생들이
나보다 앞서가니까 어쩔 수 없이 공부해야 한다.
베풀기보다는 본인에 충실해야 한다.

乙 丁 己 乙　乾
巳 丑 丑 卯

癸 甲 乙 丙 丁 戊　大
未 申 酉 戌 亥 子　運

인하공대 건축과를 졸업하고 중소기업에서 직장
생활을 하고 있으며 최근 건축사 자격증을 땄다.

식신용인격이다. 식신패인격이다. 木火가 용희신이다. 두뇌가 우수한 사주이나 官이 없어 진급과는 별 인연이 없는 직장에 근무했고 결국 재운이 올 때 사업을 하는 팔자이다. 식신패인격으로 자격증이 필요한 사주이다. 7대운인데 乙酉대운 戊戌년 44세에 사업을 시작하려고 문의해 왔다. 사업하기 좋은 대운이다. 성공이 예상된다.

戊子대운: 子丑合水에 子卯刑이다. 겨울이라 子丑合水다. 용신 火를 극하므로 힘든 어린 시절을 보냈겠다. 하지만 水生木이 되므로 공부는 잘 했겠다.

丁亥대운: 巳亥충으로 일간의 뿌리가 冲을 받는다. 丁亥년 21세 되는 해에 巳 중 庚金이 손상되어 부친이 사망했다. 丁丑 財白虎에 일지와 월지에 財庫가 있다는 것은 父先亡을 예고한다. 하지만 亥卯木局으로 어머니의 보살핌 속에 학업은 계속 했다.

丙戌대운: 상관대운이지만 격국을 깨지는 않으니 직장 생활로 바빴겠다.

乙酉대운: 천간 편인에 巳酉丑 金局이다. 건축사 자격증을 따고 사업을 준비 중이다. 財가 傷神이 되어 식신생재가 되므로 사업은 잘 되겠다.

甲申대운: 천간 정인에 지지 정재대운이다. 안정적인 수입이 발생하겠다.

癸未대운: 卯未木局, 巳未合火로 용신운이고, 丑未沖이다. 기신인 丑土를 충하고 未土가 자리 잡으니 많은 발전이 있겠으며, 丑未沖으로 바쁜 날들이 되겠다. 또 조후가 맞게 되니 가정생활도 행복하겠다.

(2) 食神用劫格

원래 식상격이 신약할 때는 인수를 용신으로 삼아야 하는데 인수가 없어서 겁재를 용신으로 하고 있다는 것으로 假用神이 된다. 고로 부모에게 의존해야 하는데 겁재에 의존하니 외롭다. 이러한 식신용겁격은 原流가 없어서 단순하다. 즉, 인수가 없어서 부모덕이 없고, 겁재가 용신이니까 본인이 용신이 되므로 어디 기댈 곳도, 눈치 볼 곳도 없어서 그렇다. 누구의 도움도 없이 일간과 더불어 식신에 洩氣 당하고 있으니 지출과 낭비도 심하다. 항상 지나친 노출은 삼가해야한다. 어떤 사주든 신약하면 깊이가 없어서 비밀이 쉽게 노출될 수 있으니 행동하기 전에 말이 앞서면 안 된다.

癸 癸 乙 戊　乾
丑 卯 卯 子

壬 辛 庚 己 戊 丁 丙　大
戌 酉 申 未 午 巳 辰　運

　71세로 현재 병원 원장이다. 식신용겁격으로 金水가 억부용신이며 상신과 조후용신은 火다. 돈을 벌어야 행복한 사주다. 子卯刑으로 식신에 형살이 붙어 전형적인 의사팔자이다. 財가 없지만 대운에서 일찍 財運을 만나 부자가 된 사주이다. 물론, 食神有氣勝財官에도 해당한다. 戊戌년 초에 63세 되는 아내 분이 부동산 구입문제로 문의하러 왔다. 위 아내 분은 수년전 어떤 스님에게 시주해서 절도 지었다고 한다. 위 命主는 현재 壬戌대운으로 천간 겁재에 지지 財庫 운이다. 아내와의 인연이 멀어지는 운이다. 또 팔자에 財가 없어 처와 인연이 약하고 처에 대한 처세도 부족하다.

丙辰대운: 子辰合水 용신운에 卯辰合木이다. 격국을 깨지 않는다. 문창귀인도 있어서 학업성적은 우수했겠다.

丁巳대운: 식신생재에 조후가 좋다. 꾸준한 발전이 있었겠다.

戊午대운: 편재대운에 조후가 좋다. 결혼도 하고 병원도 개업했다.

己未대운: 편관대운에 卯未合木이다. 식신과 편관이 어우러져 환자들이 많았겠다. 식신이 편관을 만나면 소설가는 열렬 팬이 많아지고 사업가는 고객이 많아진다.

庚申대운: 정인대운이다. 신강해지고 문서운이라 부동산 구입도 많았다.

辛酉대운: 편인대운인데 가정궁 월지와 배우자궁 일지 충이다. 부부관계가 좋지 않았고 가정도 편치 않았다.

壬戌대운: 천간 비겁에 일지와 월지 卯戌合이다. 배우자궁 합이라 부인에게 애인이 생길 수 있는 운이다. 卯용신이 합되어 병원을 그만 둘 수도 있는 운이다.

(3) 食神用食神格

신왕해도 재와 관이 없어서 식신을 용신으로 하는 경우인데 목적은 財에 있다. 항상 식신이 용신이면 生財를 해올 수 있어야 좋은 사주가 된다. 식신이 용신이면서 生財가 안되면 경제적 고통이 따른다. 다만, 예술가의 경우 사후 먼 훗날 명예를 날리는 경우는 있다. 식신용식신격은 목전의 이익

보다 원대한 꿈을 안고 생활하면서 財運이 오기를 기다려야한다. 여자는 남편궁에 남자는 자손궁에 흠이 있다. 하지만 두뇌가 우수하여 예술가나 교수로 명성을 날리는 인물이 많다. 格이자 用神이 되니 성격이 단순하고 남의 말에 쉽게 흔들리지 않으며, 어린 시절의 꿈 또한 바뀌지 않아 어떤 한 분야에서는 전문가로 대성할 수 있는 격이다.

庚 庚 壬 壬　乾
辰 戌 子 辰

己 戊 丁 丙 乙 甲 癸　大
未 午 巳 辰 卯 寅 丑　運

　현재 골프장 설계 일을 하고 있는 67세 남자다. 부인은 초등학교 교장으로 퇴직했다. 위 부인이 問占 왔는데 10여 년 전 癸亥생 아들이 父와 뜻이 맞지 않아 가출해서 연락을 끊고 살다가 최근 자리를 잡아 결혼허락을 구하려고 연락 왔다고 한다. 아들은 성실하다고 한다. 식신용식신격이며 조후용신은 火다. 金水傷官喜見火지만 원국에 火가 없다. 남자사주 식신격은 대부분 아들과 뜻이 맞지 않는다. 또 無官에 官庫를 깔고 있고. 아들이 癸亥생이라 아들과는 辰亥 원진 관계이다.

癸丑대운: 子丑合水에 丑戌刑 丑辰波다. 조후를 잃어 건강이 좋지 않았다. 하지만 인수와 식상의 연결로 두뇌가 우수하여 공부는 잘했다.

甲寅대운: 천간 甲木에 寅戌合火다. 조후가 좀 해결되었다. 食神格에 財대운은 格局을 도와주는 운이다. 그리고 식신격의 목적은 財에 있다. 원하는 대학에 진학하고 공부도 잘 했다.

乙卯대운: 정재대운이다. 子卯刑으로 능력을 인정받았고 직장생활도 성실히 했다.

丙辰대운: 편관에 子辰水局이다. 丙火의 멋진 직장에서 능력을 발휘하며 바쁘게 생활했다. 월지三合에 년지,일지,시지 모두 冲이라 출장이 잦았다.

丁巳대운: 官대운이다. 승승장구 진급을 거듭했다. 하지만 巳戌원진에 辰巳지망살이다. 원국에 없던 官이 운에서 들어오니 아들과 문제가 생긴 것이다. 아들이 가출했다.

戊午대운: 午戌合에 월지와 子午冲이다. 해외근무를 주로 했다.

己未대운: 財庫에 정인대운이다. 회사원으로서 현재 부인과 떨어져 해외에서 골프장 설계 일을 하고 있다.

(4) 食神用財格

格은 食神인데 財가 용신이다. 食神用財格은 격
과 용신이 서로 상부상조하고 있다. 격은 體이고
용신은 用인데 육체와 정신이 相生 되고 있어서 출
신보다는 더욱 발전하게 된다. 이 命主는 아이디어
를 실행에 옮겨 財를 만드는 사업가 기질이 강한
인물이다. 어느 정도만 신강하다면 긍정적인 사고
방식에 진취적 성향이 강해 성공한 사업가들 중 이
格이 많다. 돈이 되는 길을 잘 알며, 식신인 직원
이 돈 벌어다 주고, 생각한대로 돈이 벌리니 돈을
쉽게 번다.

辛 壬 丙 甲　坤
亥 午 寅 子

庚 辛 壬 癸 甲 乙　大
申 酉 戌 亥 子 丑　運

모델 에이전시(Model Agency)를 하고 있는 33
세의 여성이다. 식신용재격이며 억부용신은 金水이
다. 식신과 재성이 힘이 있고 일간 또한 뿌리가 튼
튼하니 사장의 사주이다. 대운이 水와 金으로 흐른
다. 신왕한 기운으로 격국에 충실하게 살아간다.

자기사업으로 큰 富를 이룰 팔자이다.

乙丑대운: 천간 상관에 子丑合水로 일간의 힘이 강하다. 식상을 발전시키는 운이다.

甲子대운: 천간 식신에 亥子丑合水로 일간의 힘이 강하다. 역시 식상의 꿈을 안고 열심히 살아간다. 응용미술학과를 졸업하고 모델 에이전시 회사에 취직했다.

癸亥대운: 亥子合水에 寅亥合木이다. 식신의 기운이 왕성하다. 일간이 녹지에 앉아 자기사업을 시작했다.

壬戌대운: 寅午戌火局이다. 식신생재의 기운이 안정적이다. 사업이 안정적이다.

辛酉대운: 정인대운이다. 문서 운이며 내실을 기하는 충실기이다. 학교와 인연이 있겠다. 신강해지는 운으로 격국에 충실하게 매진한다.

庚申대운: 申子水局에 寅申沖이다. 직업에 변화가 있겠다. 사업과 더불어 대학에서도 강의에 열중하고 있겠다.

(5) 食神用官格

식신격인데 신왕해서 관이 용신이 되는 경우와 식신격인데 제살태과 되어서 관이 용신이 되는 경우의 두 가지가 있다. 前者는 식신용관격으로 격과 용신이 相戰하고 있어서 官食鬪戰이다. 體와 用이 서로 싸우고 있다. 즉, 食神으로 태어나서 官으로 살아야하므로 정체성의 혼란이다. 月에 食傷이니까 官을 하찮게 보는데 어쩔 수 없이 자신이 官에 들어가 밥 먹고 살게 되니 갈등이 생기는 것이다. 관식투전은 반항적인 성격에 매사 따지는 성격이다. 옛날 남편에게 매 맞고 사는 여성들 중 관식투전 사주가 많다. 그리고 제살태과 사주는 거의 관청브로커형태의 직업을 갖는다. 관청을 두려워하지 않고 오히려 잘 다루기 때문이다.

庚 丙 壬 戊　乾
寅 寅 戌 戌

戊 丁 丙 乙 甲 癸　大
寅 丑 子 亥 戌 酉　運

모 해운회사 본부장이다. 차기 회장이 될 수 있는지 문의 온 사람이다. 本命은 월간 壬水 官이 뿌리가 없어 약하다. 제살태과격이다. 水와 金이 용희신인데 다행히도 젊은 시절 水運이 시작되어 유명 해운회사에 취직하여 주로 해외에서 근무하며 진급을 거듭했다. 58세 戊寅대운 이후로 水가 급격히 약해진다. 편인대운인데 다행히 세운이 64세까지 金水運으로 흘러 직장에서는 64세까지 잘 나가겠다. 하지만 65세 壬寅년부터는 戊寅대운의 기운과 함께 어려움이 시작되겠다. 위 94쪽 양인합살격 사주 예문 중 조후가 맞지 않은 사주가 이 사람의 아들이다. 本命은 현재 戊寅대운인데 壬寅년에 자녀궁이 伏吟이 되고 壬水 또한 病支로 官의 뿌리가 사라진다. 아들의 기운이 약해지니 아들을 남반구로 보내면 좋겠다.

癸酉대운: 食財官으로 연결되는 운이다. 격국을 살리는 좋은 운이다.

甲戌대운: 食神대운이다. 戌이 복음이지만 격국을 해치지 않아 지지고 볶는 가운데 자신의 꿈을 향해 매진한다. 또 편인과 식신의 조화는 머리가 열려 학업성적을 향상시킨다. 해양대학교에 입학했다.

乙亥대운: 寅亥合木에 월간 壬水편관이 뿌리를 내린다. 제살태과격은 官이 용신이다. 좋은 운이다. 해운회사에 입사했다.

丙子대운: 용신 壬水의 왕지이다. 회사에서 승승장구 진급을 거듭했다.

丁丑대운: 상관운이지만 습토에 壬水의 根이 되고 격국을 해치지 않아서 괜찮은 운이다. 회사에서 임원이 되었다. 하지만 재성인 庚金의 묘지이다. 부부이별이나 사별이 염려된다.

戊寅대운: 이제부터 식신용인격으로 격국이 바뀐다. 책과 함께 사는 운이며 학교와 인연이 있다. 다만 水運이 끝나고 원국에 일점 수가 없으니 건강이 염려된다. 대운이 金運인 남반구로 거주지를 옮겨야겠다.

V. 傷官格

1. 傷官格의 성립조건

첫째, 월지의 지장간 중 상관이 천간에 투출되어 있을 때, 둘째, 상관이 투출되지 않았을 때는 월지의 지장간 정기가 상관일 때, 셋째, 월지에서 격국 용신을 찾을 수 없는 경우인데 이때는 팔자 중에서 세력이 가장 강한 인자 즉, 사주의 핵심이 되는 인자가 상관일 경우이다.

2. 傷官格의 성격

지는 것을 싫어하고 고집이 세며 직언을 잘하는 성격이다. 호기심이 많고 아이디어가 뛰어나며 새로운 일에 도전하는 것을 좋아한다. 모방과 응용력, 창조력과 손재주가 뛰어나며, 상상력과 예술성이 풍부하다. 논리가 정연하고 의사표현이 정확하며 임기응변이 뛰어나 언제 어디서나 자기주장을 관철시키려한다. 매사에 비판적이며 허영심과 사치스러운 면이 있다. 남의 일에 간섭하는 것은 좋아하나 간섭받는 것은 싫어하여 예속되는 것을 싫어한다. 듣기보다는 말하기를 좋아하는데 말속에 가시가 있어 종종 남의 속을 뒤집어 놓는다. 상사나 윗사람을 두려워하지 않고 할 말은 하는 사람이다. 하지만 손아래 사람이나 약자에게는 헌신적인 면을 보인다. 성격은 예민한 편이고 매사에 완벽주의자가 많다. 상관격도 成格이 되고 中和를 이루고 있다면 매사에 판단력이 정확하고 순발력이 뛰어나 기회포착에 능하며 총명하고 다재다능하다.

3. 傷官格의 직업적성

예체능, 과학, 발명, 대변인 연설, 강사, 디자인, 종교인, 아나운서, 역술인, 유통업, 제조업, 변호사, 가수, 문필가 등 표현하는 일과 인연이 있다.

4. 傷官格의 특징

傷官格은 食神格과 비슷하나 설기가 더 심하니 반드시 신강해야 한다. 傷官은 剋官하고, 生財하며, 印綬로부터 剋을 받고, 劫財로부터 生을 받는다. 자기위주이고 간섭을 싫어하며 규정에 얽매이는 것을 싫어한다. 月에 상관은 부모궁에 설기되니 부모 덕이 없고, 윗사람의 말을 따르지 않고 자기위주로 나아가며, 기존의 관습이나 법을 무시하는 경향이 있으나 창의력과 예술성은 뛰어나다. 남자는 자식궁이 나쁘고 여자는 남편궁이 나쁘다.

○ 傷官은 盜氣로서 나의 氣를 빼앗아간다. 고로 상관격은 身强해야 한다.

○ 상관과 인수가 균형을 이루면 상관이 잘 다듬어지므로 식신과 같은 작용을 한다.

○ 상관이 강해서 신약이 될 때는 정관을 파괴하게 되니 앞을 생각하지 않고, 즉흥적으로 겁 없이 자기의견을 쏟아냄으로서 경계인물이 되기 쉽다. 결국, 조직생활에서 도태되어 끼니걱정까지 하게 된다. 이런 사람은 인정이 많은 것 같지만 냉정하고, 남을 위해 희생하는 것 같으면서도 계산적인 성격이라 반드시 행위에 대한 대가를 요구한다. 감정의 기복이 심해 자식이나 아랫사람들로 하여금 안절부절 못하게 한다. 풍부한 상상력으로 넘겨짚어 판단하고 주장하니 때로는 점쟁이같이 보인다.

○ 기예에 뛰어난 재능을 가지고 있으므로 예체능이나 기술분야에 종사하면 좋다. 신강한 사주가 상관용재격이나 식신용재격이 되면 제조업이나 유통업에서 성공하는 경우가 많다.

○ 상관격에서 가장 좋지 않은 형태는 관식투전으로 관살과 식상이 相爭하고 있는 경우인데, "傷官見官 爲禍百端"이라 해서 관재, 송사, 傷身, 소란 등이 끊이지 않고 골육상쟁이 일어난다. 이러한 관식투전은 관과 식상의 세력이 어느 한쪽으로 쏠려 균형이 깨질 때 일어난다.

○ 상관격에서 만약 인수가 太旺하여 상관이 지나치게 受制되고 있으면 傷官傷盡이 되어 모든 일이 막히게 된다. 이 때 운에서 또다시 인수운이 오면 생명이 다 할 수도 있는데 이를 "破了傷官 損壽元"이라고 한다.

5. 傷官格의 用神

일주가 약하고 상관이 太旺하여 洩氣가 심할 때는 인수를 용신으로 한다. 일주가 약하고 재성이 왕하여 일주의 설기가 심할 때 겁재를 용신으로 한다. 재성이 왕한 상관격에서는 인성을 용신으로 삼지 못하니 겁재를 용신으로 삼는다. 일주가 강하고 재성이 뿌리가 없으면 상관으로 용신한다. 관살이 많을 때는 일주가 약하더라도 식상으로 용신하여 制殺하는 경우도 있다. 일주가 강하고 인성이 많으면 재성으로 용신한다. 일주가 강하고 겁재가 왕하면 관살로 용신한다.

상관은 정관을 상하게 하니 흉하지만, 재성이 있어 관성으로 통관시키면 凶이 吉로 변한다. 이러한 상관용재격이 되려면 신강하고 재성이 유기해야 한다. 상관격에 인수를 용신으로 쓰는 傷官佩印格은 貴格이다. 인수가 상관을 조절해주니 입을 열 때 열고, 닫을 때 닫을 줄 안다. 하지만 상관이 미약

하고 신강할 때 인수가 많으면 빈궁한 명이 되는데
이 경우 운에서 인수운이 오면 傷官傷盡이나 破了
傷官이 된다. 破了傷官은 損壽元이다. 일반적으로
傷官見官은 좋지 못하나 조후가 중요할 경우는 예
외다. 金水傷官格은 冬金이므로 조후를 우선으로
치기 때문에 金水傷官喜見火라 하여 관성을 용신으
로 삼는다. 木火傷官喜見水도 夏木으로 조열하기
때문에 인성인 水를 용신으로 쓴다.

6. 傷官格 사주풀이 및 運 해석

(1) 傷官用印格

상관격인데 신약해서 인수를 용신으로 쓰는 경우
다. 적당히 신약한 경우에는 대운에서 인수나 겁재
가 받쳐준다면 식신격과 같이 교수나 명강사로서
이름을 날릴 수 있다. 하지만 극신약한데 상관이
많이 있는 경우 재주는 많으나 끼니 걱정하는 사람
이 많다.

乙 戊 辛 癸　乾
卯 申 酉 丑

乙 丙 丁 戊 己 庚　大
卯 辰 巳 午 未 申　運

　음악(한국음악)박사로 己亥년 3월부터 모 국립대 교수로 근무할 46세 남성이다. 본명은 신약한데 상관이 너무 강하여 정관을 극하고 있다. 제살태과격이다. 제살태과격 사주는 관성이 용신이지만 일간도 강해야 하므로 결국 인수용신이 우선이다. 현 대운에서는 상관용인격이지만 51세 乙卯대운부터는 상관용관격으로 바뀐다. 상관용인격에서는 火土가 용신이니 己未運부터 丙辰運까지는 인수를 써서 공부에 매진하였고 한국음악박사가 되었다.

庚申대운: 식신대운이다. 일찍부터 음악에 소질이 있어 국악을 시작했다.

己未대운: 겁재대운으로 일간이 根을 얻었다. 철이 들고 국악에 매진하였다.

戊午대운: 용신대운으로 음대에 진학하여 석사학위까지 취득했다.

丁巳대운: 용신대운이고 巳酉丑金局으로 格이 살아난다. 음악활동을 하며 대학 강사로 활동을 했다.

丙辰대운: 박사학위를 받고 46세 己亥년부터 모 국립대학교 음대교수로 전임교수가 되었다.

乙卯대운: 정관대운이다. 이 운부터 재살태과격이 되어 木이 용신이 된다. 대학에서 정년까지 성실히 근무하겠다.

(2) 傷官用劫格

신약하면 인수를 써야 하는데 인수가 없어 비겁을 쓰니까 부모덕이 없고 공부도 부족하다. 비견과 비겁은 자수성가를 암시하며 기술과 인연이 깊다. 일찍 기술을 배워서 열심히 산다면 富를 이룰 수 있다. 월에 상관이면 부모 대에 힘들게 살았다고 볼 수 있다.

乙 己 己 庚　乾
丑 酉 丑 子

乙 甲 癸 壬 辛 庚　大
未 午 巳 辰 卯 寅　運

현재 병원 원장을 하고 있는 60세 되는 의사 사주이다. 상관용비겁격 사주이며 용희신은 土와 火다. 비겁용신이라 동업으로 병원을 운영하고 있다.

사주에 인수 火가 없고 財星인 水가 기신이다. 부모의 덕이 약하며 월주 비견에 상관격이므로 자수성가하는 팔자다. 의대를 졸업하여 의술로 活人業을 하고 있으며 巳午未대운으로 용신 운을 달리고 있다. 관이 약하고 재가 기신이라 처와 자식과의 인연이 미미하여 혼자 살고 있다. 앞으로의 꿈은 절하나 지어서 기도하며 여생을 보내려 한다.

庚寅대운: 정관대운이다. 財生官으로 착실한 어린 시절을 보냈겠다.

辛卯대운: 편관대운이다. 강한 인내심으로 공부에 매진했겠다. 食財官으로 연결되니 격국을 해치지 않는다.

壬辰대운: 子辰水局이다. 기신인 水가 金生水로 많아진다. 바쁘기만 하고 편치 않은 시절을 보냈겠다.

癸巳대운: 巳酉丑金局이다. 식상운으로 환자진료에 바쁜 나날을 보냈다. 火운이라 기대를 했지만 金局으로 化하여 기신인 水를 生하고, 부부궁, 직장궁 변동수를 유발한다. 부부와 별거를 시작했다.

甲午대운: 정관에 용신인 火대운이다. 투자자를 만나 병원을 개업하여 원장으로서 성실히 진료를 시작했다.

乙未대운: 편관에 용신인 未土대운이다. 병원을 충실히 운영하고 있지만, 乙庚合에 丑未冲이다. 직장의 변동이 예상된다. 이 대운 辛丑년에 직장의 변동이 있게 되는데 庚子년 2월에 동업을 그만 두게 될지 모른다는 전화가 왔다.

(3) 傷官用傷官格

상관용신을 쓴다는 것은 신강하다는 것이다. 상관용상관격은 財가 없다는 것이다. 이일 저일 일은 잘 벌이지만 마무리가 약하고, 재주는 곰이 넘고 열매는 사람이 따먹는다. 즉, 실속이 없다. 따라서 너무 욕심 부리지 말고 봉사정신으로 살아야 하겠고, 교육계나 강사직, 영업직 등에 종사하면 좋겠다. 해박한 지식을 갖는다. 남자면 자식궁이, 여자면 남편궁이 부실하다. 대운이 財運으로 흐르면 많은 富를 취득할 수 있다.

戊 己 乙 庚　坤
辰 未 酉 戌

己 庚 辛 壬 癸 甲　大
卯 辰 巳 午 未 申　運

결혼 후 자식 2명을 낳고 이혼하여 자식과 함께 살고 있는 50세 여성이다. 상관용상관격이다. 용희신은 金水다. 전 남편이 부자라 이혼합의금을 많이 받았으며 현재는 매월 거액의 양육비까지 받으며 풍족하게 살아가고 있다. 官庫를 깔고 있고 乙木 官이 絶支에 앉아있으며 乙庚合金이 되는 사주라 남편과는 인연이 없다. 地支 3개가 墓支로 되어있어 恨이 많은 인생이다. 조열한 사주에 유일하게 시지가 희신인 濕土이며 財庫라 돈 창고가 되어 경제적으로는 여유가 있다.

甲申대운: 상관대운으로 자유로운 영혼이다. 또 용신대운이다. 행복한 어린 시절을 보냈다. 미술을 전공했다.

癸未대운: 광고회사를 다니던 중 癸亥년 26세에 결혼했다.

壬午대운: 전업주부로서 두 아이를 키우며 열심히 살았다. 용신은 아니지만 위 사주에서 인성운은 안락한 운이다.

辛巳대운: 巳酉金局으로 식상이 강화되어 월간 乙木이 견디기 어렵다. 이혼했다. 자유로운 영혼이 되었다.

庚辰대운: 두 아이는 국제학교에 보내고 친구들과 어울

리며 행복한 시간을 보내고 있다. 식상이 강화되었다.

己卯대운: 卯未木局이다. 재혼할 운이다. 요즘 취미는 남자사냥이다. 원래 土多사주는 木을 열망한다.

(4) 傷官用財格

상관용재격은 자신의 의도대로 일이 마무리 되므로 자신의 능력을 최대한 발휘할 수 있으니까 매사에 자신을 가지고 임한다면 성공한 인생을 살 수 있겠다. 신약하지 않다면 제조업이나 유통업으로 성공한다. 상관용재격에 生官이 안되면, 남자의 경우 처복은 있으나 자손과는 인연이 약하며, 여자의 경우 돈복은 있으나 남편과의 인연이 약하다.

```
戊 庚 戊 庚    乾
寅 寅 子 子


甲 癸 壬 辛 庚 己  大
午 巳 辰 卯 寅 丑  運
```

강남에서 세무법인을 운영하고 있는 연재 61세 세무사의 사주이다. 현재 甲午대운인데 각종 회장직을 맡고 있어서 눈코 뜰 새 없이 바쁘다고 한다.

상관생재 사주인데 상신은 寅木 財星이며 억부용신은 土와 金이다. 일간이 통근이 안 되어 있고 신약함에도 건강할 뿐만 아니라 많은 직원을 거느린 부자다. 본명은 지지에 일점 根이 없고 천간의 인수나 비견도 뿌리가 없어 從財格으로도 볼 수 있는 사주다. 그렇다면 金水木이 용신이고 火土가 기신이다. 대운이 木火로 向하고 있어 壬辰운까지는 뜻하는 바를 성취하고 사업이 번창했으며, 癸巳대운은 巳火가 癸水에 蓋頭 되어 힘이 없으니 여전히 수입이 좋았으나, 甲午대운 이후로는 사업이나 가정에 신경을 쓰기보다는 각종 회장직을 떠맡으며 밖으로만 돌아 부인의 불만이 여간 아니다. 종재격이 맞다. 從格은 위 사례처럼 이론과 부합하는 경우도 있지만 대부분은 抑扶로 看命을 해야 설명되는 경우가 많다. 본명은 强名曰 從傷官生財格이다. 위 사주의 특징은 본서의 마지막 항에 나오는 양신성상격과 유사한데 천간과 지지의 기운이 순하게 순환하고 있다. 스트레스가 없는 팔자다.

己丑대운: 정인대운이고 子丑合水로 格을 손상시키지 않았다. 공부를 잘했다.

庚寅대운: 편재대운이다. 식상생재로 경영학을 전공했다. 원래 용신이나 상신운에는 공부를 잘한다.

辛卯대운: 정재대운이다. 군대를 제대하고 회계사 시험에 합격했다. 정재운이라 튼튼한 직장에서 월급생활을 시작했다.

壬辰대운: 子辰水局에 식신대운이다. 월지삼합은 직장이동수다. 강남에 회계법인을 차렸다.

癸巳대운: 편관대운이다. 상관이 편관을 보니 많은 고객이 생겼고 돈을 많이 벌었다.

甲午대운: 寅午火局으로 官대운이다. 각종 회장직을 맡아 바쁘게 살아가고 있다. 부부관계는 좋지 않다.

(5) 傷官用官格

食居先 殺居後다. 格과 用神이 상반되므로 고생스런 삶을 살게 된다. 즉, 정신과 육체가 싸운다. 상관용관격은 관을 거부하는 기운인 상관이 관을 치므로 항명으로 인해서 명예가 손상될까 염려된다. 성공한 삶을 살기위해서는 오직 하나의 목표(官)를 향해서 마음공부(印)를 하며 꾸준히 자신의 길을 가야한다. 또는 브로커의 삶을 살아도 능력을 인정받는다.

丁 丁 壬 戊　乾
未 未 戌 午

戊 丁 丙 乙 甲 癸　大
辰 卯 寅 丑 子 亥　運

　현재 서울시 공무원으로 근무 중인 42세 남성이
다. 신강한 사주며 조열하여 壬水 官이 용신이자
조후가 된다. 상관용관격이다. 9대운으로 현재 丙
寅대운이다. 진급문제로 문의 왔는데 진급보다는
건강이 심히 염려된다. 己亥년과 庚子년이 관운이
라 진급은 되겠는데 壬寅년인 45세에 丙壬沖에 寅
午戌 火局이 발동한다. 이때 혈관질환, 신장질환
등으로 건강이 위험하다. 水대운이 끝났으므로 신
장 부위가 극히 약해지니 건강이 염려되는 것이다.

癸亥대운: 용신인 정관대운이며 조후도 해결되었다. 戊
癸合으로 상관을 합했고 월간 壬水가 근을 얻었다. 착
실한 어린 시절을 보냈겠다.

甲子대운: 천간 정인에 편관대운이다. 학업성적이 우수
했고 7급 공무원으로 사회생활을 시작했다.

乙丑대운: 천간 편인이 년간 상관을 조절하고 습토인
丑이 조후를 해결했으며 월간 壬水 정관이 뿌리를 내리

고 있다. 무난하게 지나가는 운이다.

丙寅대운: 寅午戌火局에 丙火 비겁이 투출되어 월간 壬水 정관과 冲한다. 相神이 인수로 바뀌니 가치관의 변동이 온다. 庚子년에 진급은 되겠으나 예속된 생활보다는 자기만의 세계를 꿈꾸게 된다. 더구나 조후가 무너지니 壬寅년에는 건강이상으로 퇴직이나 휴직을 하지 않을까 생각된다.

丁卯대운: 丁壬合에 卯戌合이며 卯未木局이다. 官과는 인연이 다하고 학교와 인연이 있으니 대학에서 강의를 하고 있지 않을까 생각된다.

戊辰대운: 월간 壬水의 墓支이다. 일선에서 물러나게 되며 건강도 염려된다. 앞으로 火대운이 시작되는데 남반구로 이민을 가면 좋겠다.

VI. 正財格

1. 正財格의 성립조건

첫째, 월지의 지장간 중 정재가 천간에 투출되어 있을 때, 둘째, 정재가 투출되지 않았을 때는 월지의 지장간 정기가 정재일 때, 셋째, 월지에서 격국 용신을 찾을 수 없는 경우인데 이때는 팔자 중에서 세력이 가장 강한 인자 즉, 사주의 핵심이 되는 인자가 정재일 경우이다.

2. 正財格의 성격

정확하고 정직한 성격이다. 공사가 분명하고 노력한 대가 이상의 수입을 원치 않으며 성실하고 약속을 정확히 지킨다. 낭비를 싫어하고 매사에 근면하고 검소하며 무리수를 두지 않는다. 보수적인 성격에 전통을 중시하여 부모에게 효도하고 가정을 책임지는 성실한 가장이 많다. 성품이 착하고 치밀하며 경제관념이 뛰어나 안정적인 생활을 누린다. 부모덕이 있어 초년에 유복하게 지낸다. 신용이 좋고 완벽한 성격에 정의감이 투철하며 시비 또한 분명하다. 현모양처와 인연이 있고 또 처를 중시 여긴다.

단점은 융통성이 없고 좀 답답하다는 것이다. 하지만, 정재격도 파격이 되지 않고 중화를 이루고 있으면 절약할 때는 절약하고 지출할 때는 과감히 지출하는 화끈한 면모를 보이니 대인관계가 원만하다. 만약 정재격이 극신약하다면 구두쇠에 결단력도 없어 소탐대실할 가능성이 많은 답답한 사람이 될 수 있다.

3. 正財格의 직업적성

금융업, 상업, 무역, 세무사, 회계사, 제조업, 부동산, 경리, 관리, 운수업, 도매업, 학원, 신용사업, 특허, 인증, 대행사업 등과 인연이 있다.

4. 正財格의 특징

정재격은 일주가 失令하여 신약하므로 신왕함을 필요로 한다. 정재란 정당한 재물이고 노력한 대가이다. 하지만 정재도 신강해야 내 것이 되는 것이지 신약이면 오히려 돈이 나간다. 정재격이 성격되어있으면 정직하고 애처가가 되지만 신약하여 財多身弱이 되면 남의 돈을 벌어주라는 팔자이며 평생 이일 저일로 분주하고 집에서는 공처가가 되기 쉽다.

정재격에 식상이 상신이 되면 식상이 숫자에 대한 감각이므로 치밀하고 계산적이며 경제에 대한 감각이 뛰어나다. 정재격에 관을 쓰는 사람은 재생관이라 관리에 능력을 발휘하며 경제, 금융, 재무, 행정 등의 관리업무에서 능력을 발휘한다. 정재격에 인성을 쓰는 사람은 학문과 연결되므로 금융관리나 재정기획, 교수 등의 직장생활이 적성에 맞다. 정재격에 비겁을 쓴다면 재다신약의 경우인데 형제나 친구의 도움이 크겠지만 동업은 반드시 대가가 따르므로 오래 지속되기 힘들다. 정재격은 원래 모범적인 사람이지만, 겁재나 양인 등에 의해 파극 되면 피해의식 때문에 성격이 편굴해지고 정재격의 안정적인 면은 사라진다.

　　○ 정재격으로 성공한 인생이 되려면 첫째, 재성의 根이 튼튼하거나 財局을 이루어야 한다. 둘째, 신왕해서 財를 충분히 다스릴 수 있어야 한다. 셋째, 冲, 破가 없어야 좋다. 넷째, 運이 좋아야 한다. 대운이 좋아야 선천적인 적성이나 달란트를 후천에서 발휘하여 성공적인 삶을 살게 된다. 그리고 財는 官을 동반하고 있거나 食傷을 동반하고 있으면 좋은데, 官을 동반하면 財를 剋하는 劫財를 官이 보호해주며, 食傷을 동반하고 있으면 食傷生財로서 財의 뿌리가 되고 日主와 財의 사이에서 통관역할

을 해주니 財를 보호하게 된다.

○ 정재격에서는 신왕재왕격이 좋다. 월에 정재니까 부모덕이 있고 부모가 잘 산다. 월에 財가 있으면서 신강하므로 공부를 잘 하는데 특히 수학에 강하다. 財는 내가 극하는 것이므로 통솔력, 개척정신이고, 자립정신이다. 부귀겸전에 현처와 인연이 있다. 재성이 인수를 극하여 괴인(壞印)이라고는 하나 재와 인수가 균형을 이루면 공부도 잘하며, 이상과 현실이 조화되는 균형 있는 삶을 살게 된다. 재성은 식상의 설기처를 확장함과 동시에 生官하여 일주를 剋制하게 되므로 신강한 日主는 조직생활이나 사회활동을 잘 할 수 있게 된다.

○ 柱中에 재성이 太過하면 첫째, 主客이 전도된다. 즉, 내가 극하러 갔다가 오히려 극 당한다. 둘째, 財生殺이 된다. 셋째, 탐재괴인(貪財壞印)이다. 넷째, 多財無財가 되니 서출이나 조실부모에 남의 집 밥 먹어본다. 다섯째, 처를 이기지 못하니 처에게 의지해 살아간다. 여자는 아재생부 반성기욕(我財生夫 反成其辱)이다. 즉, 내 것 주고 배신당한다.

○ 사주에서 財가 沖 받고 있으면 살림한번 엎는다. 일지에 12신살 중 劫殺를 놓고 있는 사람도 살림한번 엎는다. 劫財가 많은 사람도 剋財하니까 살림한번 엎는다.

○ 정재격은 父가 경제적으로 안정되어 있을 때

출생하였고, 수학적 계산이 빠르다. 정재니까 노력의 대가만 취하니 큰 부자는 어렵고 타인의 재산관리나 재정행정에서 두각을 나타낸다. 조혼(早婚)하는 경향이 있는데 남자는 년·월에 재가 있으면 연상의 여인과도 인연이 있다.

　○ 여자가 신왕재왕이면 받을 복이 있다. 재는 시댁의 세력이며 남편을 출세시키는 기운이라 그렇다. 시집가면서 시댁이 잘 되고 친정은 기운다. 음식 솜씨가 좋고 財生官이니 남편을 출세시킨다. 단, 똑같은 財라도 燥土가 되거나, 濕木이 되거나, 冷水가 되어 生官이 어렵거나, 또는 관성이 水多木浮, 火多土燥, 土多金埋, 金多水濁에 해당 되어도 통변은 달라진다. 즉, 돈에 집착한 나머지 서방궁이 부실하게 된다.

5. 正財格의 用神

　정재격은 신왕재왕해야 으뜸이다. 일간이 약한데 관살 또는 식상이 많으면 인성으로 용신을 삼는다. 일간이 약한데 재가 많으면 겁재로 용신을 삼는다. 일간이 강하고 비겁이 많으면 식상을 용신으로 하거나 관살을 용신으로 삼는다. 정재격이 신강하고 인수가 많으면 재로써 용신을 삼는다.

6. 正財格 사주풀이 및 運 해석

(1) 正財用印格

정재격인데 신약해서 인수용신인 경우이다. 돈 벌기 위해 공부해야하고 좋은 데로 장가가기위해 공부해야한다. 재극인이므로 사업하면 안 된다. 경제나 금융 분야 교수나 재경직 공무원이 좋다.

壬 戊 丙 己　乾
戌 午 子 酉

庚 辛 壬 癸 甲 乙　大
午 未 申 酉 戌 亥　運

모 지방검찰청 부장검사로 재직하다 己亥년 4월 퇴직하고 변호사 사무실을 오픈한 51세 남성이다. 정재용인격이며 子월 밤에 태어나 조후용신도 인수인 火다. 신왕재왕격인데 현재는 金水운을 달리고 있어 인수인 火가 용신이지만, 辛未대운 이후에는 인수운이라 이때는 상대적으로 약해지는 水가 용신이 되어 정재용재격이 된다. 정재격에 酉金 식상이 있어 성격이 치밀하고 계산적이며 경제감각이 뛰어나다. 또한 정재격에 인성이 강하여 금융관리나 재정기획 등을 업무로 하는 직장생활이 맞다. 위 사람은 금융이나 경제 분야 수사에 탁월했다. 대운이 1대운인데 51세 己亥년 4월 말에 변호사 사무실을 오픈했다. 官庫에 해당하는 未대운 말에 옷을 벗은 것이다. 큰 부자가 될 인물이다.

乙亥대운: 財운이지만 격국을 손상시키지 않아 공부를 잘했다.

甲戌대운: 중학교 1학년인 壬戌년 14세에 부친이 교통사고로 돌아가셨다. 壬戌時가 財白虎이다. 학업성적은 좋았으며 고대법대에 진학했다.

癸酉대운: 상관대운이지만 格을 도와주는 운이라 공부에 매진했다. 戊寅년 30세에 사법고시에 합격했다.

壬申대운: 申子水局이다. 격국이 왕성하게 살아나는 운이다. 직장에서 활발히 활동하며 진급도 잘 했다.

辛未대운: 官庫대운이다. 未대운 말에 퇴직했다. 이때부터는 火 인수에 비해 水 재성이 약해지므로 財가 용신이 되어 변호사가 되었다.

庚午대운: 식신이 浴支에 앉았고 지지가 정인이다. 능숙한 솜씨로 변호사로서의 능력을 발휘할 것 같다. 어머니에 대한 효성이 지극하다.

(2) 正財用劫格

인수가 없어서 劫財가 용신인 경우다. 인수가 없으니 공부와도 인연이 없고 부모덕도 없다. 신약한 사주가 인수마저 없으니 뒷심이 없게 되어 남에게 얕보이기 쉽다. 타인에게 얕보이지 않아야한다. 본인의 세력을 확충해야 하니까 형제, 친구를 의지해서 본인의 이익을 추구해야 한다. 財를 탐하면 안되고 항시 현실에 만족하며 살아야한다.

乙 庚 癸 壬　乾
酉 子 卯 午

己 戊 丁 丙 乙 甲　大
酉 申 未 午 巳 辰　運

사물놀이로 올해 전통예고에 수석 입학한 17세 남자 사주이다. 식상의 根이 튼튼하고 투출되어있다. 투출된 식상은 무대에 서는 것을 의미한다. 또 겁재를 용신으로 쓰는 사람은 부모덕, 인덕이 없으므로 자신만의 기술을 익혀야 살아가는데 도움이 된다. 편인용신도 마찬가지다. 위 사주는 식상이 강하고 상관에 刑까지 가미되어 기예를 무기로 삼아 인생을 살아갈 것이다. 또한 정재격이므로 정밀한 기예의 표현을 의미한다. 성공한 인생이 되리라 확신한다. 運始가 편재와 편인으로 시작되는 사람들은 대개 부모와 인연이 없거나 부모덕이 없다. 어린 시절부터 경제적으로는 어려운 환경이었으나 운에서 조후가 해결되었고 관운도 좋다. 1대운인데 12세 되던 乙巳대운 癸巳년부터 사물놀이와 인연을 맺었다. 식상이 관을 만나면 나의 표현이 관중들에게 잘 어필되며 많은 팬들이 생긴다.

甲辰대운: 편인대운에 食傷庫다. 조용한 어린 시절을 보냈다. 食傷庫란 팔다리가 묶였다는 뜻이므로 답답한 시절을 보내게 된다.

乙巳대운: 조후용신이 火다. 巳酉合金으로 일간의 뿌리가 강화된다. 物像으로 巳는 밝은 빛이다. 사물놀이와 인연을 맺어 어두운 곳에서 밝은 곳으로 나아가게 되는 운이다.

丙午대운: 官대운이다. 많은 팬들을 확보하고 전성기를 누리겠다. 조후도 완전히 갖추어지니 나날이 행복하다.

丁未대운: 卯未木局이다. 경제적으로도 안정이 되겠다. 또 정관과 정인대운이다. 예술대 교수가 될 것으로 생각된다.

戊申대운: 편인에 비겁이다. 용신대운이다. 일간이 뿌리를 얻어 나름의 분야에서 首長이 되는 대운이다. 연구활동도 활발하겠다.

己酉대운: 정인에 羊刃대운이다. 자기 분야에서 프로가 되는 운이다.

(3) 正財用食傷格

정재를 얻기 위해 식상의 행위를 한다는 의미이다. 정재용관격보다는 한 수 아래지만 안정되고 안락한 생활을 살아간다. 정재용관격은 정재는 이미 갖추었으니 官을 추구한다는 의미이기 때문에 정재용관격을 더 높게 본다.

```
乙 癸 甲 丙  坤
卯 卯 午 寅

戊 己 庚 辛 壬 癸  大
子 丑 寅 卯 辰 巳  運
```

초등학교 교사로 재직 중인 34세 기혼여성이다. 정재용식신격 사주이다. 상신은 식상이며 억부용신은 金水이다. 정재격은 안정적인 직장생활을 의미하며 식신은 표현, 강의를 의미한다. 또 水木식신은 교육계와 인연이 있다. 자신의 格대로 살아가는 사람이므로 사회적으로 능력을 인정받는 삶이 될 것이다. 하지만 극신약한 사주이다. 7대운이므로 신강해지는 47세 己丑대운 이후에야 인생의 의미나 행복을 아는 팔자이다. 本命造는 從財格으로 볼 수도 있다. 일간이 無根이고 전지지와 천간이 재성과 식상으로 이루어졌으니 전형적인 종재격 사주이다. 그렇게 보아도 己丑대운까지 용신인 木火土의 運이니 선생님으로 잘 나가게 되는 것이다.

癸巳대운: 정재대운이다. 정재격을 돕는 운이므로 학마살이 아니다. 공부를 잘 했다.

壬辰대운: 寅卯辰合 식상으로 傷神운이다. 삶에 굴곡이 없었고 교육대학에 진학했다.

辛卯대운: 식신운으로 상신운이다. 無官사주지만 상신운이라 결혼도 했다.

庚寅대운: 寅午合火다. 격국을 손상하지 않으므로 안정적인 직장생활을 하고 있겠다.

己丑대운: 편관대운이다. 습토이며 일간의 뿌리가 된다.

조열한 사주에서 습토는 희신이다. 진급 운으로 교감이나 교장이 되겠다.

戊子대운: 억부용신 운이자 일간의 뿌리이다. 인생의 행복을 추구하는 대운이다. 월지 冲으로 정년퇴직하겠으며 이제까지의 삶과는 다른 방식으로 행복한 노후생활을 하겠다.

(4) 正財用財格

격이자 용신이다. 신강하다는 것이다. 정재격 중에서도 식상을 동반하고 있다면 사주가 더욱 좋아진다. 격이자 용신이니까 일편단심 민들레다. 한번 정한 뜻을 끝까지 밀고 나아간다. 매사에 정확하고 착하고 정도를 간다.

庚 丁 甲 乙　乾
戌 巳 申 巳

戊 己 庚 辛 壬 癸　大
寅 卯 辰 巳 午 未　運

현 은행지점장으로 재직 중인 55세 남성 사주이다. 정재용재격이다. 이혼 후 어떤 여성과 동거하다가 헤어지고 현재 다른 여성과 교제 중이다. 배우자궁과 가정궁인 일지와 월지가 巳申刑이고, 자식궁인 시지와는 巳戌元嗔이므로 가정이 편치 못하다. 또한 無官사주라 윤리나 도덕적으로 책임감이 없는 사람이다. 8대운인데 戊寅대운 壬寅년이면 월지 冲으로 퇴직하지 않을까 생각된다. 위 사주는 水가 조후용신이다. 하지만 대운이 火木으로 흐른다. 따라서 사회생활에서는 별 지장이 없으나 가정이나 내면의 행복도는 낮다. 68세 이후가 되어야 水대운이 온다. 本命은 오로지 財에 관심이 있어 돈과 여자밖에는 관심이 없다.

癸未대운: 식신대운이다. 정재격에 손상이 없다. 단, 甲木 인성이 墓支에 들어가 17세 己未년에 母선망 했다.

壬午대운: 천간 정관에 지지는 일간의 祿이다. 대학 졸업 후 은행에 입사했다.

辛巳대운: 巳 伏吟에 巳申刑이 발동한다. 부부관계에 이상이 오기 시작했다. 일간의 뿌리가 복음이니 자중지란이다.

庚辰대운: 申辰 半合에 辰巳 지망살이다. 월지 財와 일지 부부궁에 변화가 왔다. 다른 여성과 동거를 하던 중 이혼했다.

己卯대운: 卯申 귀문이다. 財에 귀문이 붙어 여자 때문
에 신경 쓰인다. 동거여성과도 이별을 하고 현재 다른
여성과 살고 있다.

戊寅대운: 寅申沖에 寅巳申 三刑殺이다. 퇴직할 운이다.
사주가 아주 조열하다. 삼형살과 시지 戌의 작용으로
몸에 이상이 있겠다.

(5) 正財用官格

정재격 중에서 제일 좋다. 격이 용신을 뒷받침해
주므로 튼튼하다. 신강한데다 재관二德을 겸비했으
니 貴格이다. 격보다 용신이 앞서고 있어서 출신보
다는 성공한다.

癸 丙 乙 乙　乾
巳 子 酉 未

戊 己 庚 辛 壬 癸 甲　大
寅 卯 辰 巳 午 未 申　運

한국석유공사 총괄처장과 지사장을 역임하고 정
년퇴직 후 계열사 임원으로 재직 중인 65세 남성
사주이다. 정재용관격이며 억부용신은 木火다. 일
간과 정관의 根이 튼튼하고, 월지 정재 酉金은 년

지 未土의 생조를 받고 있다. 또 金水와 木火의 세력이 균형을 이루었다. 따라서 木火운이나 金水운 어떤 운이라도 용신인 財官을 해치지 않는다. 그래서 이명박 자원외교의 문제로 석유공사 임원들이 곤란을 겪었을 때에도 별 문제없이 정년퇴직까지 자리를 보존할 수 있었다. 정재격이라 부친이 능력 있는 사주이다. 기미독립선언 33인 중 한분의 아들로서 부친은 교육자셨는데 초등학교 교장으로 정년퇴직했다. 위 사주는 정재격이 년지 상관과 어우러져있고 천간에 정인이라 경제학과 인연이 있다. 경제학 석사이다.

甲申대운: 편재대운으로 학마살이다. 년지 상관과 어울려 어린 시절에는 공부보다는 친구들과 어울려 노는데 치중했다. 또한 運始가 편인과 편재다. 엄격한 부모님이 부담이 되어 밖으로 돌았다.

癸未대운: 상관대운이다. 고1이 되더 17세 己亥년부터 세운에 용신인 관성이 들어와 공부에 매진하기 시작했다.

壬午대운: 프로가 된다는 양인대운이다. 대학을 조기졸업하고 한국석유공사에 입사했다. 다른 대기업에도 합격했으나 국영기업을 택했다. 정관용신이라 그렇다.

辛巳대운: 巳酉金局이다. 격국이 튼튼해졌다. 승승장구 진급을 거듭하여 부장까지 진급했다.

庚辰대운: 辰酉合金에 子辰水局이다. 財生官으로 임원까지 올랐다.

己卯대운: 卯未木局으로 乙木 정인이 살아나 국방대학원을 졸업했으며 연세대에서 경제학 석사학위도 취득했다. 이 대운에 卯酉冲으로 정년퇴직도 했다. 정인이 강해지고 재성인 酉와 冲이 된다. 부친의 건강이 악화되어 혈액투석을 시작했다.

戊寅대운: 편인대운에 寅巳刑이다. 일간의 根이 刑을 받아 발동하니 가정을 떠나 부친의 병간호에 몰두했으며 己亥년 부친이 돌아가셨다. 10년간의 병간호였다. 편인대운에 집안어른이 돌아가신다고 했다. 그리고 巳酉合金이 재성인데 寅巳刑이고 세운에서 또 巳亥冲이 되어 부친이 돌아가셨다.

VII. 偏財格

1. 偏財格의 성립조건

첫째, 월지의 지장간 중 편재가 천간에 투출되어 있을 때, 둘째, 편재가 투출되지 않았을 때는 월지의 지장간 정기가 편재일 때, 셋째, 월지에서 격국 용신을 찾을 수 없는 경우인데 이때는 팔자 중에서 세력이 가장 강한 인자 즉, 사주의 핵심이 되는 인자가 편재일 경우이다.

2. 偏財格의 성격

영리하고 민첩하며, 임기응변과 순발력이 좋다. 매사에 수완이 좋아 거래나 처세에 뛰어난 능력을 발휘하므로 사업 분야에서 큰 성공을 거둘 수 있다. 그러나 관성이나 인성의 제화가 없으면 풍류와 낭비벽이 심하고 사치나 유흥, 이성, 도박과 인연이 깊어 재물을 지키기가 어렵다. 돈을 버는 과정에서는 열정적인 모습을 보이지만 벌어들인 재물에 대해서는 별 관심이 없다. 종종 기발한 아이디어를 내놓지만 그 후로는 쳐다보지도 않는다. 사무처리 능력은 좀 떨어지며 조직의 틀에 얽매이는 것을 싫어해서 직장생활과는 인연이 없다. 개척자적인 성

격이 강하며 의리도 좋아 남의 일을 내 일같이 도
와줄 줄도 안다. 멋과 풍류를 즐기며 영혼이 자유
롭다. 사람을 끄는 매력이 있으며 친화력도 좋아
어디서나 사람들을 잘 사귄다. 금전관계는 깨끗한
편이며 매사에 시원시원한 타입이다.

3. 偏財格의 직업적성

무역, 부동산, 금융업, 증권, 투자사업, 전당포,
식당, 유흥업, 유통업, 약물업, 제조업, 축산업, 여
행사 등과 인연이 많다.

4. 偏財格의 특징

편재는 巨富가 되는 글자이다. 물론, 정재도 得
局을 하고 있다면 역시 거부가 나온다. 여기서 偏
이란 대중의 것, 뭇 것 고로 먼저 차지하는 자가
임자이다. 크고 많은 것, 빨리, 의외로의 뜻이 함축
되어 있다.

○ 편재격도 일단은 월지에서 실령하므로 신강을
요하는데 신강해야만 편재를 다스릴 수 있기 때문
이다. 그러나 신강한 사주에 겁재가 많아서 群劫爭
財가 되면 편재가 파괴된다. 이때는 관살로써 겁재

를 제거하고 재성을 보호해야 한다. 물론 편재격이 신약이라면 인수나 겁재로 일주를 보호해서 신왕해져야만 재성을 다스릴 수 있게 된다. 신약하고 재가 많을 때는 財多身弱이 되어 오히려 재의 종속물이 되는데 이를 多財無財라 부르며 財와는 인연이 없다. 여기에 財殺이 혼잡 되어 財生殺이 된다면 財로 인해서 禍가 발생하게 된다.

○ 편재격에 식상이 용신이면 부하를 잘 만나서 성공하고, 쉽게 돈을 벌며, 돈을 쓰면 쓸수록 돈이 생긴다. 또, 신강하여 식상이나 재가 용신이 되면 학마나 괴인의 작용이 나오지 않으며, 오히려 財가 일간의 인격을 균형 잡히게 해주므로 공부를 잘하게 되는데 경제학교수나 회계사로서 성공하는 경우가 많다. 財多身弱格이나 財殺太過格이 운에서조차 도움이 없다면 가난한 생활을 하게 되고 먹을 복도 없으니 남의 집 생활을 전전하게 되는데 그래서 편재격의 身太弱이 아주 나쁘다.

5. 偏財格의 用神

일간이 약한데 관살 혹은 식상이 많으면 인성을 용신으로 한다. 일간이 약한데 재성이 많으면 겁재를 용신으로 한다. 일간이 강한데 겁재가 많으면 식상이나 관살로 용신을 삼는다. 일간이 강한데 인수가 많으면 재성을 용신으로 한다.

6. 偏財格 사주풀이 및 運 해석

(1) 偏財用印格

격과 용신이 相戰한다. 돈을 벌기 위해서 공부해야 한다. 신약하므로 사업을 해서는 안 된다. 인수가 용신인데 돈에 욕심을 내면 탐재괴인이 되기 때문이다.

庚 甲 甲 丁　乾
午 辰 辰 丑

戊 己 庚 辛 壬 癸　大
戌 亥 子 丑 寅 卯　運

한의대에 재학 중인 22세 남성이다. 편재용인격이다. 辰 속의 癸水를 용신으로 삼는데 위 사주는 財殺이 강하여 인수로 官印相生시켜야 한다. 겁재운 또한 旺한 財를 극해주므로 희신이다. 大運이 木과 水로 흘러 운이 좋은 사주이다. 위 사주는 재살이 강하여 사업을 하면 탐재괴인이 되기 때문에 안 된다. 돈 욕심을 버리고 직장생활 해야 한다.

또한 官庫에 官이 기신이라 부부궁은 좋지 않다. 년간 상관이 시지에 뿌리 내리고 있으니 의대교수가 좋겠다.

癸卯대운: 천간 정인에 양인대운이다. 용신 운이다. 공부를 잘했겠다.

壬寅대운: 용신운이다. 9대운인데 병신년 20세에 한의대에 진학했다.

辛丑대운: 정관에 정재대운이다. 무난한 대운으로 착실한 생활을 하겠다. 하지만 多財로 일이 많아 바쁜 일과를 보내고 있다.

庚子대운: 子辰水局에 관인상생 대운이다. 학교에서 교수로 재직할 것 같다.

己亥대운: 편인대운이다. 정재 己土가 월간 閑神 甲木을 묶어주니 잡념 없이 열심히 근무하겠다.

戊戌대운: 辰戌沖이다. 정년을 마치고 개업을 하겠다. 辰戌沖으로 土가 많아지니 사업을 꿈꾼다. 하지만 탐재괴인을 조심해야한다.

(2) 偏財用劫格

　인수가 없어 부모덕이 없다. 믿을 것은 자신뿐이다. 修身齊家에 주력하고 현실에 순응하며 친구나 동료에게 잘하라. 용신이 겁재인 사주는 인덕이 없으니 자신만의 기술하나는 익히는 것이 좋다.

```
癸 丙 丙 辛　乾
巳 子 申 未


庚 辛 壬 癸 甲 乙　大
寅 卯 辰 巳 午 未　運
```

　카톨릭 의대에서 외과 전문의 과정을 밟고 있는 28세 남성이다. 9대운이니 현재 甲午대운 말이다. 전문의 자격증시험을 무사히 통과할지 문의한 사람이다. 편재용겁격으로 시지 巳火가 억부용신이다. 木火운에 좋은데 다행히 대운이 火와 木으로 흐른다. 위 사주는 편재격이 子水 정관과 잘 어우러져 있어 시간 계수를 相神으로 쓰고 있다. 대학병원에서 월급생활을 하면 좋겠다. 성실한 사람이다. 申金 편재가 년지 未土 상관과 잘 어우러져 있어 수술도 잘 하겠다. 己亥년은 년간 상관에 지지 편관이다. 己土 상관으로 머리가 열리고 亥水 편관으로

암기력이 좋아지니 전문의 시험은 무사히 통과되겠
다.

乙未대운: 천간 정인에 상관대운이다. 격국을 도와주는
운이다. 또 巳未合火로 일간이 강화되어 철이 든다.

甲午대운: 천간 편인에 羊刃대운이다. 프로가 되는 대
운이며 용신운이다. 의대에 진학하여 열심히 공부 중이
다.

癸巳대운: 祿根을 만났다. 대학병원에서 의사로 근무를
시작하겠다. 巳申刑은 의사에게는 해가 되지 않는다.

壬辰대운: 申子辰水局이다. 안정된 직장생활을 하겠고
월지 三合으로 직장궁 변동수라 진급이 자주 있겠다.

辛卯대운: 卯未木局에 정인대운이다. 용신 운이다. 안락
한 생활이다.

庚寅대운: 寅申冲이지만 용신 운이라 결과는 좋다. 퇴
직 후 개업하겠다. 寅巳申 삼형살로 능력을 발휘하여
유명세를 얻겠다.

(3) 偏財用食傷格

신강하므로 식상을 용신으로 쓰는 경우이다. 식상은 재를 취하는 기술 또는 의욕이다. 이러한 사주는 대개 직장생활을 하더라도 자기사업을 위한 방도로써 한다. 일간이 근을 얻었다면 큰 사업가가 된다. 하지만 근 즉, 겁재의 뿌리가 없다면 대부분 경제학이나 경영학 교수로 입신하게 된다.

癸 辛 己 乙　乾
巳 亥 卯 丑

癸 甲 乙 丙 丁 戊　大
酉 戌 亥 子 丑 寅　運

35세 남성으로 행정학을 전공했는데 직업은 영화제작자이다. 현재 영화제작 사업을 하고 있는데 일은 있지만 돈이 모이지 않는다고 한다. 편재용식상격이다. 여기서 식상은 相神이다. 상신은 水며 억부용신은 金과 土다. 조금 신약한 편이라 사업으로 성공하기는 힘든 사주이다. 2대운이므로 직장생활을 하다가 최소 甲戌대운이 시작되는 42세 이후에 사업을 해야 한다.

戊寅대운: 정재대운이다. 寅卯木局으로 격국을 해치지 않아 숙제는 하고 놀았겠다.

丁丑대운: 편인대운이고 巳丑合金으로 일간이 강화된다. 무난히 대학에 진학하여 행정학을 전공했다.

丙子대운: 식신운이다. 亥子丑에 癸水가 투출하여 연극반에서 활약했고 졸업 후 영화제작사에 취업했다. 그러나 정관 丙火가 절각되어 종종 사업을 꿈꾼다.

乙亥대운: 乙木 편재에 亥水 상관으로 사업을 시작할 운이다. 33세 丁酉년에 일간이 祿을 만나 사업을 시작했다. 己亥년 35세 현재 적자운영 중 이라 한다. 결혼하여 아들이 현재 2세이다. 일지 배우자궁 亥水와 伏吟이 되는 대운이다. 힘든 대운이 될 것 같다. 생활고 때문에 부부이별이 염려된다.

甲戌대운: 卯戌合으로 용신이 묶였다. 丑戌刑, 戌亥천문성에 巳戌원진, 귀문이다. 외롭고 힘든 생활이겠다.

癸酉대운: 일간의 祿根을 만났다. 또 酉丑金局이다. 과거의 고생들이 밑거름이 되고 일간이 강해지니 사업에서 성공하겠다.

(4) 偏財用財格

격이자 용신이니까 일편단심이다. 신강한 사주가 월에 財가 있으니 부모의 덕이 많고, 계산이 빠르며, 정복력과 욕심이 대단하여 상대를 굴복시켜야 직성이 풀린다. 돈 버는 데는 일가견이 있다.

```
庚 丙 庚 戊   乾
寅 午 申 午


丙 乙 甲 癸 壬 辛   大
寅 丑 子 亥 戌 酉   運
```

일간이 일인격으로 신강하고 년간 식신이 힘이 있다. 편재격이 식신과 잘 어우러져있어 현재 이미테이션 쥬어리를 취급하는 무역회사 사장이다. 庚子년 현재 43세이다. 경영학과를 졸업하고 카투사에서 병역을 필하고 회사생활을 하다가 29세에 창업하여 현재 년 100만 불 이상의 매출을 올리고 있다. 편재용편재격 사주로 金水가 용희신이다. 년·월·일주가 모두 힘이 있다. 이러한 사주는 어느 분야에 있든 안정된 삶을 살아간다. 金에 세력이 집중되어 있어 큰돈을 버는 것이 꿈이다.

辛酉대운: 정재대운이다. 격국이 상하지 않았고 편재격에 정재대운이라 공부를 잘 했다.

壬戌대운: 천간 편관에 지지가 寅午戌이다. 소신을 가지고 연대 경영학과에 진학했으며 졸업후 카투사를 제대하여 무역회사에 입사했다. 9대운인데 이 대운 말인 甲戌년에 이미테이션 쥬얼리 수출을 작게 시작했다.

癸亥대운: 용신대운이다. 조후도 좋다. 세계 각국에 상품을 수출하여 많은 매출을 올렸다. 중국과 대만에서 제조하여 남미, 유럽, 미국 등지에 수출을 했다. 미모의 여성과 결혼도 하고 똑똑한 두 아들도 얻었다.

甲子대운: 년간 100만 불 이상의 매출을 올리고 있다.

乙丑대운: 편재격인데 편재가 묘지에 들어간다. 천간은 정인이다. 사업확장 보다는 부동산에 투자하는 것이 좋겠다.

丙寅대운: 부동산 임대업이나 호텔업 쪽으로 갈 것 같다.

(5) 偏財用官格

신강하며 격보다 용신이 앞서고 있어서 출신보다

잘 되고, 財官二德을 얻었기 때문에 부귀가 약속되어 있다. 처음은 사업에 뜻을 두나 관직에서 꽃을 피우게 된다.

```
戊 壬 癸 辛　坤
申 戌 巳 亥
```

```
己 戊 丁 丙 乙 甲　大
亥 戌 酉 申 未 午　運
```

새마을금고 지점장으로 재직 중인 48세 여성이다. 지지에 寅巳申戌 중 2개 이상이 있으면 대개 생살권을 다루는 금융계나 권력계통과 인연이 있다. 편재용편관격 사주이다. 신강하고 재관이 뚜렷하다. 식상도 없으니 조직생활에 유리하겠다. 戊戌년 5월 경에 분양 받은 아파트로 이사한다고 택일하러 왔다. 편재와 편관의 결합은 경영학과와 적성이 맞고 조직관리에 능하다. 결혼은 늦었는데 현재 남편은 서울 시청에 근무하고 자식은 아직 어려 친정어머니가 돌보고 있다고 한다.

甲午대운: 巳午合火로 格이 살아나니 공부는 잘했고 친구들도 많았다.

乙未대운: 亥未合木, 巳未合火로 격국을 강화시키는 운이다. 역시 안정적인 학교생활을 했다.

丙申대운: 편인대운이다. 官印相生으로 대학을 졸업하고 은행에 입사했다.

丁酉대운: 巳酉合金이다. 직장궁 三合으로 직장의 변동이다. 乙酉년 35세에 결혼하고 새마을 금고로 이직했다.

戊戌대운: 편관대운이다. 지점장으로 진급하고 바쁜 나날을 보내고 있다.

己亥대운: 일간의 祿根 亥水가 직장궁 巳火와 巳亥冲이 된다. 일신상 그리고 직장의 변동수다. 정년까지 근무하고 퇴직할 것 같다.

VIII. 正官格

1. 正官格의 성립조건

첫째, 월지의 지장간 중 정관이 천간에 투출되어 있을 때, 둘째, 정관이 투출되지 않았을 때는 월지의 지장간 정기가 정관일 때, 셋째, 월지에서 격국 용신을 찾을 수 없는 경우인데 이때는 팔자 중에서 세력이 가장 강한 인자 즉, 사주의 핵심이 되는 인자가 정관일 경우이다.

2. 正官格의 성격

반듯하고 진실 되며 합리적인 성격이다. 타인을 배려할 줄 알고 경쟁을 싫어하며 변화를 싫어한다. 자상하고 친절하며 말과 행동에 품위가 있다. 윗사람을 존경하고 부모에 효도하며 가문을 번성하게 한다. 예의를 존중하고 명예와 체면을 중시하는 사람으로 일처리도 완벽하며 신용 또한 좋아서 주위로부터 신망이 좋다. 완고하고 보수적인 성격으로 원리원칙을 강조한다. 직업으로는 안정적인 직장에서 외근보다는 내근을 하는 것이 적성에 맞다. 책임감이 강하여 업무에 최선을 다하며 매사 완벽히 처리한다. 내면보다는 외면을, 실속보다는 명예를 추구하는 경향이 강하다.

대체로 정관격은 가정교육을 잘 받았으며 타인에게 모범이 될 뿐만 아니라 매사에 정도로 임하고 변화보다는 안정을 추구하는 경향이 강하다. 하지만 일간이 태강하면 독선적이며 인간관계에서도 너무 꼼꼼하고 치밀하여 인기가 없다.

3. 正官格의 직업적성

학자, 행정관료, 관공서계통, 사법관, 군인, 경찰, 공무원, 회사원, 통계업, 비서, 총무, 지배인 등의 직업과 인연이 있다.

4. 正官格의 특징

정관격이면 일단, 일간이 수제되므로 허약해지기 쉬우니 신왕해야 하고, 만약 신약하다면 정관도 나의 소유물이 되지 못하고 심하면 편관 즉 殺로 화해서 일간을 괴롭히게 된다. 즉, 여자라면 정관이 旺한데 신약하다면 남편과 힘의 균형이 맞지 않아 시달리게 된다. 관살태왕사주는 多者無者가 되어서 심하면 과부살 작용에 喪夫殺이 된다.

○ 신왕관왕해야 좋겠지만 만약 신약관왕인데 운

에서 일간을 도와주거나, 신왕관약인데 운에서 관을 도와 사주가 균형을 이루어 준다면 중앙에 진출해서 고위직에 오르게 된다.

○ 정관은 본래 財를 동반하고 있으면 二德을 구비했다고 해서 貴格이 된다. 財生官의 작용으로 인해서인데, 가령 남자가 재임용 될 수 있느냐의 여부는 재생관이 되면 가능하고, 여자가 남자와 재결합을 할 수 있느냐의 여부도 재생관이 되어있어야 가능하다. 여기서 二德이란 財官이 잘 구성되어 있을 때나 官印이 잘 구성되어 있을 때를 말한다.

○ 명관과마(明官跨馬)란 신왕해서 재관을 충분히 쓸 수가 있을 때를 말한다. 천간의 官이 지지의 財로 인해서 生을 받을 때를 말하는데, 지지에서 재관이 得局을 하고 있을 때도 명관과마라고 한다. 이렇게 되면 가정적으로는 처자가 안정되고, 사회적으로는 부귀가 겸전하게 된다.

○ 신왕하면서 재관인을 모두 갖추면 三奇 또는 三盤物이라고 해서 귀격이 된다. 즉, 財生官, 官生印, 印生我로서 일간의 뿌리가 튼튼해지고 재관인의 기운이 相生되며, 무엇보다도 財印鬪戰과 官食鬪戰이 자동적으로 해소되기 때문이다. 단, 여기서도 재관인의 순서가 年,月,日이나 時,日,月의 순서로 배치되어야 좋은 사주가 된다.

5. 正官格의 用神

일주가 약한데 관살이 많거나 식상이 많으면 인성으로 용신을 정한다. 일주가 약한데 재성이 많으면 겁재를 용신으로 하는데 혹시 겁재가 없으면 인성을 용신으로 한다. 일주가 약하고 관살이 많을 때 인성이 없거나 약하면 식상을 용신으로 하여 制殺한다. 일주가 강하고 식상이나 인성이 많으면 재성을 용신으로 한다. 일주가 강하고 겁재가 많으면 관성을 용신으로 한다.

6. 正官格 사주풀이 및 運 해석

(1) 正官用印格

정관격인데 일주가 약해서 인수가 용신인 경우다. 아는 것이 없어 관직이 무겁다. 무거운 관직을 짊어지기 위해서는 많이 배워야한다. 인수는 기다림이다. 인내심을 가지고 기다려야한다.

癸 乙 甲 乙 乾
未 巳 申 丑

戊 己 庚 辛 壬 癸　大
寅 卯 辰 巳 午 未　運

　작곡가로 활동 중인 31세 남성이다. 정관용인격으로 인수와 겁재가 용희신이다. 일간의 주변이 편인, 비겁, 식상으로 有氣相生되어 직업이 작곡가와 어울린다. 직업은 작곡가이지만 정관격이라 연예기획사 직원으로 근무하고 있다.

癸未대운: 천간 편인에 巳未合火 식신으로 예술가의 재능이 발현되기 시작했다.

壬午대운: 천간은 인수, 지지는 식신운이다. 천간은 용신 운이라 격에 방해되지 않았고, 지지 午火로 식신활동이 활발했다. 인수와 식신 운에는 지능이 최대로 발달한다.

辛巳대운: 천간 편관은 격에 방해되지 않아 직장생활을 잘 하고 있고, 지지는 巳未合火로 식상활동을 열심히 하고 있다.

庚辰대운: 천간은 정관으로 안정된 직장생활을 뜻하며, 지지는 정재로 업무에 충실히 임하게 되는데 재능을 인정받아 진급을 거듭하겠다.

己卯대운: 천간 편재로 사업에 관심을 갖게 되며 지지는 祿支라 자기사업을 시작하겠다. 卯木은 申金의 胎支라 정관의 힘이 약해지고 대신 일간 乙木이 祿根을 얻어 식상생재격으로 바뀌기 때문이다.

戊寅대운: 천간 정재, 지지 비겁으로 활발한 사업 활동과 안정적 수입을 누리는 운이다.

(2) 正官用劫格

정관격에 인수가 없어서 비겁을 용신으로 쓰니까 자연히 대리용신이니 자수성가하거나 친구나 형제의 도움으로 발전해야 한다. 배우지 못했고 부모덕이 없으니 항상 현실에 순응해야 한다.

壬 戊 癸 壬　坤
子 戌 卯 申

丁 戊 己 庚 辛 壬　大
酉 戌 亥 子 丑 寅　運

연기자로 활동하고 있는 27세 여성이다. 정관용겁격이다. 財의 세력이 강해서 劫財를 용신으로 쓴다. 火土가 용희신이다. 식상 申金에 卯申 귀문이 어우러져서 예술 감각이 뛰어나며 유년기 식신이라 일찍부터 연기자의 꿈을 키웠다. 6대운인데 辛丑대운에 이화여대 법대에 입학하였지만 상관이 강해져 재학 중 연기자로 활동하고 있다. 水木凝結이며 재살태과라 남편과의 인연이 약하다. 또 수다목부(水多木腐)로 木이 썩는다. 남편 때문에 속상하고 남편 또한 발붙일 곳이 없다. 혼자 살아야 하겠다.

壬寅대운: 寅卯合木에 寅戌合火다. 관인이 어우러져 성실한 생활을 했고 공부도 잘 했다.

辛丑대운: 대학에 진학하여 연극에 몰두했고 탤런트가 되었다. 식신入庫에 丑戌刑, 子丑合水로 인고의 세월을 보내며 탤런트로 성공하기위해 혼신의 힘을 쏟고 있다.

庚子대운: 財가 너무 강하다. 바쁜 일과로 건강을 상하기 쉽다. 子卯刑으로 간질환이나 우울증이 염려된다. 남반구로 이주한다면 참 좋겠다. 남반구는 甲午대운이다.

己亥대운: 亥卯木局이다. 격국을 훼손하지 않아 사회생활은 잘 하겠지만 조후가 해결되지 않아 만족스러운 인생은 아니다.

戊戌대운: 용신운이다. 철이 들고 자아를 찾는 운이다. 卯戌合으로 직장궁의 변동이다. 직업이 바뀔 수 있다.

연예기획사를 시작하면 좋겠다.

丁酉대운: 丁癸冲에 卯酉冲이다. 인생에 변화가 온다. 자유로운 영혼이 되겠다. 속박에서 벗어나 자유로운 생활을 하겠다.

(3) 正官用食傷格

격과 용신이 상극되므로 체와 용이 부딪친다. 관으로 태어나 식상으로 살아간다. 희생이 갱생이니 음덕을 쌓아야한다. 관과 식상이 균형을 이루지 못하여 관식투전이 되면 삶에 애로가 많다. 그러나 官과 食傷이 균형을 이루고, 또 관과 식상이 이웃하지 않아 서로 부딪히지 않으면 貴格이다.

丙 辛 丁 癸　乾
申 亥 巳 亥

辛 壬 癸 甲 乙 丙　大
亥 子 丑 寅 卯 辰　運

헬스클럽 트레이너로 근무하고 있는 37세 남성 사주이다. 유복한 가정에서 태어나 무난히 대학을 졸업했으나 父와 뜻이 맞지 않아 가출한지 10년

됐다. 그간 트레이너로 근무하면서 돈도 제법 모았고 결혼 준비 중이다. 丁癸沖이 되어 去殺留官이 되었다. 정관용식상격이다. 상신은 水와 木이며 억부용신은 金과 土다. 일찍 가출한 것은 일간 辛金은 월간丁火를 싫어하기 때문에 부모와 인연이 없고, 일지와 월지가 巳亥沖이 되어서이다. 또한 위 명주의 부친 사주(105쪽 참조)도 식상격에 식상이 왕하고 일지에 官庫를 깔고 있었다.

丙辰대운: 정인대운인데 천간 정관이며 辰亥元嗔에 辰巳地網殺이다. 조용하고 성실하게 그러나 답답한 어린 시절을 보냈다.

乙卯대운: 편재대운이다. 亥卯木局으로 상관생재가 된다. 卯申귀문은 무언가에 탐닉하는 기운이며 卯대운에는 이동이 많은 기간이다. 또 편재대운이라 역마기운이 강하다. 활동적인 대학생활을 보냈다.

甲寅대운: 寅巳申으로 三刑殺이다. 父星 및 부모궁과 三刑이 된다. 또 寅亥合木 정재다. 가출하여 헬스클럽에서 트레이너로 월급생활을 시작했다.

癸丑대운: 巳丑合金으로 일간이 힘을 받았다. 가출 10년 만에 부모님을 찾아와 결혼을 허락받으러 왔다.

壬子대운: 식상대운이다. 여전히 활발한 활동을 하고 있겠다.

辛亥대운: 丙辛合에 巳亥冲이다. 格이 깨진다. 일지 배우자궁은 伏吟이다. 정관의 책임감이 깨졌고 또 無財 사주다. 배우자와의 이별이 염려된다.

(4) 正官用財格

용신이 격을 도와주니까 본래의 격보다는 한 단계 후퇴하고 있어서 돈 벌고 난 다음에 명예를 취한다. 또는 취직했다가 사업한다. 여자는 돈에 집착한다. 즉, 관이 변해서 재가 되었으니까 남편이 돈으로 둔갑해 보인다.

乙 丁 壬 丙　坤
巳 酉 辰 寅

丙 丁 戊 己 庚 辛　大
戌 亥 子 丑 寅 卯　運

제주도에서 게스트하우스를 운영 중인 32세 여성이다. 남편은 대기업 과장이다. 6대운으로 현 대운은 己丑대운이다. 잡기격인데 현대운이 水대운이라 현재는 정관용재격 사주이다. 상신은 酉金이며 억부용신은 木火다. 일간 丁火가 천을귀인 酉金을 깔고 있다. 또 辰酉合金이고 巳酉合金이다. 일간도 약하지 않다. 부자 사주이고 부친의 덕도 크다. 게스트하우스도 부친이 차려주었다.

辛卯대운; 丙辛合으로 천간 비겁을 잡아주어 사주가 맑아졌다. 寅卯辰으로 인수국이 형성되어 공부를 잘했다.

庚寅대운: 정인대운이다. 이대 영문학과를 졸업하고 대한항공에 입사했다.

己丑대운: 巳酉丑金局이다. 28세 官이 일지와 合이 되는 癸巳년에 결혼하고, 정재가 월지와 삼합되는 丙申년 31세에 제주도에서 게스트하우스를 오픈했다.

戊子대운: 子辰水局이다. 월간 壬水가 강해진다. 남편이 잘 나가겠다.

丁亥대운: 寅亥合 木이다. 인수 운이므로 남편의 사랑, 남편이 주는 돈이다. 또는 임대소득이다. 편안한 생활을 하겠다.

丙戌대운: 상관대운이고 월지와 沖이다. 또 년간 丙火의 墓支다. 壬水와 丙火의 변동이다. 남편과 친정오빠의 건강이상 또는 직장에서의 변동이 있겠다.

(5) 正官用官格

격이자 용신이다. 일편단심이다. 융통성이 없다. 책임감은 강한데 직장 또는 바깥일에만 충실한 사람이다. 변화를 모르고 여자라면 남편 밖에 모른다.

戊 丙 丙 癸　乾
子 午 辰 卯

庚 辛 壬 癸 甲 乙　大
戌 亥 子 丑 寅 卯　運

현대엔지니어링 임원으로 근무하다 己亥년 57세에 퇴사하고 현재 직장을 구하고 있는 남성이다. 잡기격인데 甲寅대운까지는 인수격인데, 癸丑대운 이후로는 정관용관격이 되었다. 현재 용신은 水와 金이다. 9대운으로 현재 辛亥대운이다. 위 사주는 寅卯 인수공망이라 항상 박사과정을 마치지 못한 것에 대해 한을 가지고 있다. 꿈이 교수였다. 인수 공망은 공부로 빛을 보지 못한다. 월지 官庫라 자식 때문에 아픔이 있다.

乙卯대운: 정인대운으로 공부를 잘했다.

甲寅대운: 丙일주는 편인대운에 공부가 더 잘 된다. 일류대 공대에 진학하여 석사까지 했다.

癸丑대운: 대학원을 졸업하고 壬申년 30세에 현대자동차 연구직으로 입사했다. 丑대운이라 년간 정관이 힘이 있어 안정적인 회사생활을 했다.

壬子대운: 정관대운이라 년간 癸水에 힘이 붙었다. 40대 중반에 상무로 진급했다.

辛亥대운: 편관대운이다. 癸水의 旺支이다. 51세 癸巳년에 현대엔지니어링 상무로 자리이동을 했다. 亥水가 년지 卯와 합하여 木으로 변한다. 또 월지와 辰亥元嗔이다. 戊戌년 56세에 월지 冲으로 자리보전이 힘들게 되었고 己亥년 봄 대운과 伏吟되어 퇴직했다. 다른 자리를 찾고 있는데 여의치 않다. 庚子년에는 취업이 될 운이다. 財生官 운에 子辰水局이기 때문이다.

庚戌대운: 천간 편재에 지지 식신이며, 월지 辰土와 冲되어 직업의 변동이다. 사업을 할 운이다. 퇴직 이후 암암리에 사업을 준비하고 있었다.

IX. 偏官格

1. 偏官格의 성립조건

첫째, 월지의 지장간 중 편관이 천간에 투출되어 있을 때, 둘째, 편관이 투출되지 않았을 때는 월지의 지장간 정기가 편관일 때, 셋째, 월지에서 격국 용신을 찾을 수 없는 경우인데 이때는 팔자 중에서 세력이 가장 강한 인자 즉, 사주의 핵심이 되는 인자가 편관일 경우이다.

2. 偏官格의 성격

편관은 칠살로서 질병, 재난, 형액, 단명 등 흉신을 대표하지만 이 강한 힘을 가진 칠살이 制化가 잘 되어 있다면 국가의 지도자로서 만인의 존경을 받는 별이 되기도 한다. 편관격은 머리가 좋고 직감력과 추리력이 뛰어나며, 신비로운 분야에 관심을 가져 철학이나 종교 또는 점술 분야에서 뛰어난 재능을 발휘하는 경우도 많다.

편관격은 위계질서를 중시하며 의리를 소중히 여긴다. 신강하면 활동력이 왕성하고 의협심이 강해 불의를 보면 물불을 가리지 않고 대항한다. 또한 성격이 급하고 권모술수가 뛰어나며 부하직원을 자기 뜻대로 움직일 수 있는 능력을 가지고 있기 때문에 전쟁터의 장군의 상이 된다. 정관격이 관료적 성향이라면 편관격은 정치적 성향이다.

하지만 신약한 사주가 강한 편관을 차고 있다면 남녀 공히 무거운 짐을 진 사람이 되어 매사에 예민하고 정서가 불안하다. 남과의 경쟁을 싫어하는 성격으로 소극적이지만, 내면적으로는 호전성을 감추고 있다. 신약하다보니 감정의 기복이 심하며 간혹 신비주의에 빠지기 쉽다. 매사에 용기가 없으며 심하면 접신이 될 수도 있다.

3. 偏官格의 직업적성

군인, 경찰, 경비원, 경호원, 교도관, 군무원, 형무소 간수, 별정직, 정치가, 종교지도자, 기술직 등과 인연이 많다.

4. 偏官格의 특징

편관격이면 우선 일주가 신왕해야 하고 신약이면 운에서라도 도움을 받아 신왕해질 때 비로소 吉命이 된다. 똑같은 편관이라도 편관일 때, 七殺일 때, 病이 될 때, 鬼가 될 때를 구분해야 한다. 신왕해서 편관을 權으로 쓸 때가 편관이고, 신약해서 편관을 감당하지 못 할 때가 七殺, 病, 鬼가 된다. 참고로 偏이 들어가는 格에 해당하는 사람은 대부분 성질이 급하며 편법으로 세상을 살아가는 사람이 많다.

○ 편관격에서 신왕관왕 사주가 되어있으면 독립심이나 추진력이 뛰어나며, 목적을 달성하기 위해서라면 혹독한 시련도 잘 견디어내기 때문에 고관대작 중 편관격이 많다. 편관은 일종의 무기로서 내가 강하면 무기를 휘두르기 때문이다.

○ 신약사주가 관살혼잡, 재살태왕으로 구성되면 고통스러운 삶이 된다. 관과 식상의 균형이 틀어져 관식투전사주가 되어도 마찬가지다.

○ 七殺을 다스리는 방법으로는 크게 3가지가 있는데 살인상생, 양인합살, 식신제살이다.

○ 편관격인데 身太弱者는 항시 위축이 되어 있고 겁이 많아 세상살이에 아픔이 따른다. 죽도록 일해주고도 누명을 쓰는가하면 열등감에 빠져서 자학을 하기도 한다. 건강이 부실해서 잔질이 많지만 일복도 많다. 관살이 많은 사주는 창살 없는 감옥생활과 같다. 인내심과 지구력이 부족하여 매사에 용두사미다. 배신을 많이 당하며 접신되기 쉽다. 관리능력이 없어서 사업하면 망한다. 악처와 인연이 있고 자식 때문에 노심초사한다. 위 모든 문제

는 인성이나 겁재의 대운을 만나야 해결된다.

　○ 여자의 경우는 편관이니까 부부해로가 어렵고, 속도위반을 하거나 혼전 동거하는 경우도 많다. 본인 또는 남편이 군인이나 경찰 등 억센 직업에 종사하는 경우가 많다. 재살태과면 내 것 주고 뺨맞는 팔자다. 하지만 신왕관왕이면 혹 재혼을 하더라도 멋진 남편을 만난다. 극신약에 재살태과라 할지라도 財와 殺이 有氣相生 되고 조화로우면 從殺格이 되어 一人之下 萬人之上으로 귀한 命造가 될 수도 있다.

5. 偏官格의 用神

　편관격에 관살이 심히 많을 경우 식상은 용신하기 어렵다. 신약한 사주가 더욱 신약해지기 때문이다. 그래서 식상제살격은 일간과 관살 및 식상의 세력이 균등해야 성립한다. 신약한 경우에는 인성을 용신으로 하여 殺人相生해야 한다. 일주가 약하고 재성이 많으면 겁재를 용신으로 한다. 사주가 신약하지 않고 관살이 태왕하면 식상을 용신으로 한다. 일주가 신강한데 인성이 많으면 재성을 용신으로 한다. 일주가 신강한데 겁재가 많으면 칠살을 용신으로 한다. 종살격이면 오히려 세력을 따라 財나 官殺이 용신이 된다.

6. 偏官格 사주풀이 및 運 해석

(1) 偏官用印格

아는 것이 힘이다. 공부해야한다. 신약하면 평범한 신분이지만 조금만 강해도 貴命이 된다.

癸 丁 乙 甲　乾
卯 亥 亥 辰

辛 庚 己 戊 丁 丙　大
巳 辰 卯 寅 丑 子　運

최근 수년간 주식사기로 많은 사람들에게 수천억원의 피해를 준 사건의 주인공이다. 己亥년 봄 56세 되는 해에 감옥에 갔다. 癸水 편관이 월지 亥水에 根하여 편관용인격 사주이다. 木火가 용희신이다. 1대운인데 辛巳대운 己亥년에 비겁과 정관이 冲이 되는 해 卯월에 구속 되었다. 모든 힘이 인수로 집중되어 일간을 생하는데 사주에 재성이 없다. 욕심이 과하고 자기밖에 모르는 안하무인격 사주이다. 몸은 움직이지 않고 머리만 쓰려하며 뜬구름 잡는 사람이다. 사업하면 안 되는 사주다. 현실감각이 떨어지고 매사에 마무리나 결단력이 부족하기 때문이다.

丙子대운: 子辰水局에 亥子合水다. 관살이 강하다. 또 子水는 춥고 어두운 기운이다. 어려운 어린 시절을 보냈다.

丁丑대운: 財庫며 濕土대운이다. 역시 춥고 어두운 丑土의 시절을 보냈으며 부친도 돌아가셨다. 고등학교를 졸업하고 하사관으로 직업군인의 길을 걷기 시작했다.

戊寅대운: 인수 운이다. 착실히 군 생활을 했다.

己卯대운: 亥卯木局으로 역시 용신인 인수 운이다. 상사까지 진급했으며 대학도 졸업했다.

庚辰대운: 천간 정재에 官庫대운이다. 44세 丁亥년 퇴직하고 사업을 시작했다. 50세에 여러 사람들의 돈을 모아 신문사를 인수했으며 제조회사도 설립하여 활발한 사업 활동을 시작했다.

辛巳대운: 火대운 시작 때부터 잘 나갔다. 丙申, 丁酉, 戊戌년까지 주식을 팔아 수천억 원의 돈을 모았다. 己亥년 사기로 고소당하고 구속되었다.

(2) 偏官用劫格

목적을 성취하기 위해서는 형제나 친구의 도움이
필요하므로 무엇보다도 세력을 확보하는 것이 중요
하다. 편관과 겁재가 어우러지면 조직이나 당을 만
드는 경우가 많다.

癸 癸 己 戊　坤
丑 未 未 辰

癸 甲 乙 丙 丁 戊　大
丑 寅 卯 辰 巳 午　運

현대중공업 기획실에 근무하고 있는 31세 미혼
여성이다. 중학교를 졸업하고 미국으로 유학하여
경제학 석사까지 마치고 돌아와 입사했다. 官이 강
한 사주는 두뇌 기능 중 기억력과 암기력이 뛰어나
다. 7대운으로 현재 丙辰대운이다. 편관용비견격인
데 대운에 따라 격과 용신이 바뀌는 사주이다. 丙
辰대운까지는 假從殺格으로 火土가 용신이며, 乙卯
와 甲寅대운은 식상제살격이 되어 木과 水가 용신
이고, 癸丑대운 이후는 편관용겁격이 되어 水와 金
이 용신이 된다.

戊午대운: 편재대운이다. 용신 土를 생해주어 성실한 어린 시절을 보냈다.

丁巳대운: 정재대운으로 용신土를 生해준다. 또 巳는 字義가 밝음이다. 문명국인 미국으로 어린 나이에 혼자 유학을 갔다. 무난히 대학을 졸업하고 대학원에 진학했다.

丙辰대운: 乙未년 28세에 현대중공업에 입사하여 현재 과장으로 근무하고 있다. 그런데 최근 사업을 꿈꾸고 있다. 이는 官을 이기려는 기운이다. 辰土 속의 乙木 기운이 살아나고, 다음 대운부터 식신제살격이 되기 때문이다.

乙卯대운: 이제부터는 식신이 용신이다. 좀 더 힘 있고 능동적인 직장생활을 할 것 같다. 임원이 되지 않을까 한다.

甲寅대운: 상관용살격이 된다. 용신 운이다. 직장에서 꽃을 피우겠다. 어차피 無財사주에 관살로 둘러싸인 사주는 사업과 인연이 없기 때문이다.

癸丑대운: 편관용겁격이 된다. 대기업 사장으로서 지도자의 삶을 살게 되겠다.

(3) 偏官用食傷格

관식투전이고 식상제살격이다. 격과 용신이 상반되어있어서 식상과 관살의 힘이 조화되지 않으면 성격도 매우 반항적이 되며, 여기에 신약하기까지 하다면 삶에 애로가 많다. 초년의 목표도 180도 수정된다. 비평가나 평론가의 직업군과 어울리는데 음덕을 베풀며 살아야한다.

```
乙 己 庚 辛  乾
亥 卯 寅 丑


甲 乙 丙 丁 戊 己  大
申 酉 戌 亥 子 丑  運
```

언론인으로 있다가 현재는 방송프로그램 제작회사 사장으로 있는 58세 남성이다. 47세부터 현재까지 한 여성과 바람을 피우고 있다는데 그것은 식상대운이라 官을 剋하여 윤리나 질서를 무시하기 때문인 것 같다. 위 부인이 언제쯤 남편의 바람이 끝나게 되는지 문의 차 방문했다. 편관 乙木과 상관 庚金이 합을 이루고 있어 처세에 능하다. 편관용식신격으로 金土가 용신 및 희신이다. 신태약한 사주에서도 관살이 강하면 식상이 아군이 된다. 언론인, 방송계통과 인연이 있는 사주다. 4대운으로 현재 甲申대운이다.

己丑대운: 亥子丑 대운에 년지 丑土는 水의 기운을 띤다. 결국 財官으로 연결되어 時干 乙木 편관에 힘이 집중되기 때문에 從殺格이 된다. 착실하고 모범적인 학교 생활을 했겠다.

戊子대운: 子丑합이다. 역시 종살격 사주라 격이 손상되지 않았다. 일류대에 진학하여 성실히 공부했다.

丁亥대운: 寅亥合, 亥卯合木局이다. 종살격의 용신 운이다. 방송국 피디로 입사했다.

丙戌대운: 일간이 근을 만나 힘을 받았다. 乙酉년 44세에 방송프로그램 제작회사를 차렸다. 이때부터 식상제살격 즉, 편관용식상격이 된다.

乙酉대운: 식신운으로 식신제살격의 용신운이다. 사업은 잘 나가고 있다.

甲申대운: 상관운으로 역시 용신 운이다. 하지만 월주와 干支 沖이다. 정관과 상관의 沖이니 去官留殺이 되어 관살혼잡이 정리된다. 가치관의 변화이며 직업의 변화다. 아마 이때 바람이 끝나지 않을까 한다.

(4) 偏官用財格

官을 위해 財의 행위를 한다. 財를 모은 연후에 官을 취득한다. 본래의 가문보다 더 나아지니 가문을 일으키는 사람이다.

```
丁 壬 庚 壬  乾
未 午 戌 申
```

```
丙 乙 甲 癸 壬 辛  大
辰 卯 寅 丑 子 亥  運
```

서울공대를 졸업하고 바로 사업을 시작한 28세 남성이다. 현재 상당한 투자금을 모집하여 사업이 진행되고 있는 상태다. 잡기재관격인데 현 대운인 水 대운에서는 일간이 根을 얻고, 戌土가 완벽한 土가 되므로 신왕관왕의 편관격이 되었다. 그래서 현 격국은 편관용재격이며 용신은 火 財星이다. 그래서 취업을 하지 않고 사업을 시작한 것이다. 일지와 시간이 정재라 완벽한 성격이므로 투자자금을 충분히 확보한 연후에 사업을 시작했다. 年支는 청소년기를 의미한다. 年支 편인이 官과 잘 어우러져 무난히 서울대에 진학했다. 일시에 財가 힘 있게 투출되어 능력 있는 아내를 만나겠다.

辛亥대운: 일간이 祿根을 얻었다. 일찍 철이 들고 공부를 열심히 했다.

壬子대운: 일간 양인이다. 신왕한 기운에 우수한 두뇌로 서울대에 입학했다.

癸丑대운: 印綬庫에 丑未沖으로 인수가 入墓되고 未土와 戌土가 開庫되어 재성인 火가 튀어나온다. 취업보다는 사업을 시작했다.

甲寅대운: 식신대운에 寅午戌合火로 財가 旺하다. 이때부터 사업은 승승장구하겠다.

乙卯대운: 상관대운이다. 계속적인 사업 발전이 있겠다.

丙辰대운: 일간이 入墓되지만 년지 申金이 있어 보호받는다. 또 편관격에 편관 대운이고 辰戌沖이 되는데 土는 刑沖을 받으면 세력이 더욱 커진다. 안정적인 삶을 살겠다.

(5) 偏官用官格

格이자 용신이니까 오로지 官으로 삶의 방향에 변화가 없다. 일반적으로 偏이 들어간 格局은 좀 성급한 편이다.

丙 己 乙 戊　乾
寅 丑 卯 戌

壬 辛 庚 己 戊 丁 丙　大
戌 酉 申 未 午 巳 辰　運

　국민연금　자금운영본부장을　역임하고　퇴직하여
현재는　투자회사를　운영하고　있는　62세　남성이다.
時干　丙火가　着根하여　일간이　매우　身强해졌다.　편
관용편관격이다.　신강한　사주에　겁재도　많다.　官이
용신이다.　本命은　4干支가　모두　통근하여　힘이　있
으니　능력　있는　사주이다.　대운도　인수운에서　식상
운으로　흐르는데　인수　火운도　格局을　깨지　않아　도
움이　된다.　그러나　본명의　취약점은　재성이자　조후
용신인　水가　약하다는　것이다.　無財　사주로　결혼이
아주　늦었다.　건강측면에서는　水가　부족한데다　대
운에서도　水운을　만나지　못해　최근　신장이식수술을
준비하고　있다.

丙辰대운:　寅卯辰方合으로　인수국을　이룬다.　官印相生
으로　착실히　공부를　잘　했다.

丁巳대운:　인수대운이다.　약간　신약한　사주이므로　좋은
운이다.　서울대　경영학과를　졸업하고　국민연금공단에
입사했다.

戊午대운: 승승장구 진급을 거듭하고 능력을 발휘했다.

己未대운: 卯未木局으로 여전히 관운이 좋아 회사에서 능력을 발휘했다.

庚申대운: 상관운이며 格용신인 월주 乙卯를 干合支合하고 있다. 본부장까지 역임하고 官庫가 되는 乙未년 58세에 퇴직하여 투자회사를 설립했다.

辛酉대운: 卯酉沖이 되는 대운이다. 癸卯년은 卯酉沖이 일어나는 해이다. 많은 변화가 예상된다. 己亥년 62세 현재 신장이식수술을 준비 중이다.

壬戌대운: 丑戌刑에 卯戌合이다. 70세 丁未년은 丑戌未 三刑殺로 丑土가 開庫가 되어 癸水가 날아간다. 건강이 매우 위험하다. 남반구로 거주지를 미리(甲辰년 57세쯤) 옮기는 것이 좋겠다.

제4장 外格

  사주의 전부 또는 대부분이 육친 중 어느 한두 가지로 구성되어 있어서 內格과 같이 일주를 중심으로 身强, 身弱 등을 구분하지 않고, 사주의 대부분을 차지하고 있는 五行의 氣勢에 따라 用神을 정하는데 이러한 사주를 外格이라고 한다. 외격은 언뜻 보기에는 쉽게 격국을 정할 수 있을 것 같으나, 실제로 살아가는 모습과 외격의 특성들을 대조해보면 전혀 다른 경우가 많다. 외격은 변수가 많으므로 외격을 정하거나 간명을 할 때는 세심한 주의가 필요하다. 특히 대운의 흐름을 참고하여 格局을 정하는 것이 도움이 될 것이다. 이처럼 단순하게 보이지만 실수를 범하기 쉬운 것이 外格이다. 여러 종류의 外格이 있지만 본 장에는 현실에 적용이 되지 않는 것은 취급하지 않고 從格, 化格, 一行得氣格, 兩神成象格, 兩神相剋格만 실었다.

I. 從格

사주의 대부분이 어느 한 가지 五行으로 구성되어 있을 경우 抑扶用神을 쓰지 않고 강한 세력의 오행을 用神으로 定한다. 그런데 從旺格이나 從强格을 제외한 나머지 종격에서 陰日主는 從을 잘 하나 陽日主는 사주원국이나 대운에 작은 의지처만 있어도 從하지 않으려 한다. 종격 중에서도 地支 得局하고 天干 透出 된 사주를 貴格으로 친다. 하지만 지지의 세력이 흩어져 있거나 천간 투출이 두 개 이상이면 破格이다. 得局에서도 三合이나 六合을 方合보다 더 귀격으로 본다.

1. 從旺格

사주의 지지가 전부 또는 대부분 겁재로 구성되어 있으면 성립하는데 여기에 인성이 섞여 있어도 문제가 되지 않는다. 단, 천간이나 지지에 관성이나 재성이 있으면 강한 세력을 극하므로 파격이 되는데 식상은 있어도 세력을 거스르지 않기 때문에 무방하다.

종왕격의 성품은 자존심이 강하여 웬만해서는 남에게 지지 않으려한다. 사주가 잘 조화되어 있으면 전문직 또는 정계, 법조계, 교육계, 종교계, 군인,

경찰 등에서 성공하는 경우가 많다. 종왕격의 용신
은 겁재며, 희신은 인성과 식상이고, 기신은 재성
과 관성이다.

乙 甲 乙 癸　乾
亥 寅 卯 卯

己 庚 辛 壬 癸 甲　大
酉 戌 亥 子 丑 寅　運

　甲木日主가 木旺節인 卯月에 태어나고 전지지가
寅卯. 寅亥木局이 되고 천간 壬癸水가 일주를 생조
하여 종왕격이다. 왕성한 세력인 인수와 겁재가 용
신이고 설기하는 식상은 희신이며, 재성과 관살은
일주의 旺한 기운을 거스르기 때문에 기신이다. 이
는 일주의 왕한 기운을 거스르기 때문이다. 甲寅운
부터 辛亥운까지는 大發하였고 庚戌운에 金과 土가
木과 水를 剋하여 大忌하였다.

辛 壬 辛 壬　乾
丑 子 亥 寅

丁 丙 乙 甲 癸 壬　大
巳 辰 卯 寅 丑 子　運

壬水日主가 亥月에 태어나고 亥子丑 水局이 되며
천간의 辛金, 壬水도 일주를 생조하고 있다. 종왕
격이다. 인수와 겁재가 용신인데 年支 寅木 食神은
왕한 일간의 세력을 거스르지 않아 무방하여 희신
이다. 재성과 관살은 기신이다. 甲寅운부터 辛亥운
까지는 木과 水의 운이라 순조로웠는데 丙辰운에
火剋金, 土剋水로 卒하였다.

2. 從强格

사주의 지지가 전부 또는 대부분 인성으로 구성
되어 있으면 성립하는데 여기에 겁재가 한두 개 있
어도 문제가 되지 않는다. 從印綬格이라고도 한다.
천간이나 지지에 식상이나 재성이 있으면 파격인데
관성은 있어도 官印相生이 되기 때문에 무방하다.
종강격의 성품은 선비기질이 강해 교육계와 인연
이 많다. 청렴결백하고 자존심이 강하며 원칙주의
자이다. 교육계, 종교계, 연구원 등의 직업과 어울
린다.
종강격의 용신은 인성이며, 희신은 겁재와 관성
이고, 기신은 식상과 재성이다.

甲 甲 癸 癸 乾
子 辰 亥 亥

丁 戊 己 庚 辛 壬　大
巳 午 未 申 酉 戌　運

甲木일주가 亥월에 태어나고 전지지가 亥子, 子辰 水局이 되어 종강격이다. 겁재와 인성이 용신이고 관성이 희신이며, 식상과 재성이 기신이다. 초년운이 金水運이므로 매우 吉했으나 己未운부터는 내리막을 달렸다. 己未운은 일간의 墓支로 위험하나 亥未木局으로 벗어나겠고, 丁巳운은 기신이 용신을 天冲地冲하니 불록지객이 염려된다.

3. 從兒格

일간이 甚弱하고 지지에 일간을 생조하는 인성이나 겁재가 없으며, 사주가 대부분 식상으로만 이루어지면 성립한다. 관살이나 인성이 있으면 파격이며 겁재도 일간을 생조하므로 좋지 않다.

종아격의 성품은 강자에게 강하고 약자에게는 베풀고 희생적이다. 예체능에 소질이 있으며 대인관계에서는 융화력과 단결력이 부족하다. 자손이 귀하고 여명은 남편궁이 부실하다. 문예, 교육, 종교, 육영사업과 인연이 있다.

종아격의 용신은 식상이며 희신은 재성이다. 기신은 인성과 관성, 겁재이다.

丙 甲 戊 戊　乾
寅 寅 午 戌

甲 癸 壬 辛 庚 己　大
子 亥 戌 酉 申 未　運

　甲木일주가　火旺節인　午월에　태어나고　전지지가
寅午戌火局으로　구성되어　종아격이다.　식상과　재성
이　용신이고,　겁재는　일간을　생조하니　파격이　되
며,　인성과　관살은　기신이다.　본명은　대운이　관살
운에서　인수운으로　흘러　大忌한　命이　되었다.

丙 癸 壬 丁　乾
辰 卯 寅 卯

丙 丁 戊 己 庚 辛　大
申 酉 戌 亥 子 丑　運

　癸水일주가　寅월에　태어났고　월간　壬水는　丁壬合
化木이　되었으며　전지지　寅卯辰木局으로　구성되어
종아격이다.　木火가　용신이고,　水는　일간을　생조하
여　파격이　되며,　金土가　기신이다.　대운이　水와　金
으로　흘러　평생　곤궁하였다.

4. 從財格

일간이 甚弱하고 지지에 일간을 생조하는 일체의 뿌리, 즉 인성이나 겁재가 없으며 사주가 일간을 제외하고는 거의 재성으로 이루어지는 경우에 성립한다.

종재격의 성품은 경제적 수완이 뛰어나고 처복이 있으며, 의협심과 정의감이 강하다. 하지만 금전 집착이 염려되기도 한다. 식상을 동반하면 일생을 통해 크게 흉한 일을 당하지 않는데, 이는 종재격이 가장 싫어하는 겁재운을 만나더라도 식상이 겁재를 財로 化하기 때문이다. 경제계나 금융계에서 두각을 나타낸다. 은행, 세무, 회계, 재정, 금융감독원 등과 인연이 있다.

종재격의 용신은 재성이며 희신은 식상과 관살이다. 기신은 인수와 겁재이다.

```
庚 壬 丙 丁  乾
戌 寅 午 巳
```

```
庚 辛 壬 癸 甲 乙  大
子 丑 寅 卯 辰 巳  運
```

壬水일주가 午월이라 失令하였고 지지 寅午戌火

局에 丙丁이 투출되어 종재격이다. 時上 庚金이 있으나 그 뿌리가 부실하여 일주를 生하기 어렵다. 하지만 이러한 가종격이 운에서 病이 되는 金運을 만나면 大凶하다. 용신은 火고 喜神은 木과 土며, 忌神은 金과 水다. 대운이 火木으로 흘러 대발하였으나 辛丑운에 丙火를 合去하여 庚金을 돕고 또한 시상 庚金의 뿌리가 되니 퇴출 되었다.

戊 甲 己 庚　坤
辰 戌 丑 辰

癸 甲 乙 丙 丁 戊　大
未 申 酉 戌 亥 子　運

　甲木일주가 丑월에 태어나고 전지지 土에 戊己土가 투출되어 종재격이 되었다. 火土가 용신이고 金이 희신이며 水木은 기신이다. 戊子운은 子丑合土가 되어 凶變爲吉이 되었고, 丁亥운은 亥가 일주를 생조하여 순탄하지 못했으며, 丙戌운에 훌륭한 남편을 만나 가정도 꾸리고 잘 나가기 시작했다. 아내로서 내조가 아주 좋았다. 하지만 癸未운에 己癸 冲剋에 丑戌未 三刑殺이 되어 불록지객이 되었다.

5. 從殺格

일간이 극히 신약하고 지지에 인수나 겁재 등 뿌리가 없어야 하며 사주가 거의 관살로만 이루어진 경우에 성립한다. 재성이 生해 주는 것은 좋으나 식상이 있으면 파격이다.

종살격의 성품은 온화하면서도 관리의 품격을 가지고 있으나 명예에 대한 지나친 욕심 때문에 시기와 모함을 받기도 한다. 직업은 공무원, 판검사, 군인, 경찰, 국영기업, 의사 등에 적합하다. 재성의 생조를 받으면 재정공무원, 은행감독원 등 재정관리 부문에서 두각을 나타내기도 한다.

종살격의 용신은 관살이고 희신은 재성이며, 기신은 비겁, 식상, 인수이다.

```
乙 壬 己 戊  乾
巳 午 未 戌
```

```
乙 甲 癸 壬 辛 庚  大
丑 子 亥 戌 酉 申  運
```

壬水일주가 土旺節인 未월에 태어나 실령했고 전 지지가 火土로 되어있어 종살격이다. 火土가 용신이고 金水木이 기신이다. 庚申, 辛酉運에는 官印相

生格이 되어 유복한 집안에서 잘 자랐다. 壬戌운에 가정宮인 월지가 戌未刑이 되어 가정에 형액이 있었으나 시상 乙木이 戌土운에 戌未刑으로 뿌리를 잃고 眞從殺格이 되어 명리와 재물을 얻었으나, 癸亥운에는 己癸冲剋, 巳亥冲이 되어 衰者冲旺旺神發이 되었고, 또한 亥水가 病인 乙木을 生하여 土를 剋하므로 불록지객이 되었다.

6. 假從格

종격은 종강격이나 종왕격을 제외하고는 모두 일주가 甚弱하여 사주에 인성이나 겁재가 없거나 있더라도 천간에 한두 개 정도일 때 성립한다. 같은 六神이라 하더라도 천간에 있는 것보다 지지에 있는 것이 영향력이 크다. 지지에 인성, 겁재가 있으면 종격으로 보지 않고 일반적인 抑扶法을 따르는데, 그 勢가 너무 미약하고 사주 대부분이 식상, 재성, 관성 등으로 구성되어 겁재나 인성을 破剋하면 이를 가종격이라 한다. 가종격은 대운에서 일주를 생하는 오행을 제거하면 假從이 변하여 眞從이 된다.

癸 己 庚 乙 乾
酉 酉 辰 巳

甲 乙 丙 丁 戊 己　大
戌 亥 子 丑 寅 卯　運

　己土일주가 土旺節인 辰월에 태어나고 년지 巳火
가 土를 돕고 있으며 년간 乙木이 관성이다. 비겁
용식상격 같으나 辰酉, 巳酉 金局을 이루고 관성
乙木은 乙庚合化金이 되어 종아격이 되었다. 假從
格이다. 용신은 金水고 기신은 木火土이다. 본명은
時上 癸水 편재를 놓아 貴格이 되었는데 종아격은
재성을 貴하게 쓴다. 己卯운은 卯辰이 乙木 관살의
뿌리가 되어 좋지 않았고, 戊寅년은 戊癸火로 용신
을 合去하고 寅巳 刑殺이 되어 교통사고로 송사가
있었다. 丁丑운은 丁癸沖으로 丁火 기신이 沖拔되
었고, 巳酉丑 金局이 용신이 되니 사업이 번창하였
다. 丙子운도 丙火는 힘이 없고 子辰合水가 되어
역시 사업이 승승장구했다. 乙亥운은 巳亥沖으로
巳火를 沖하여 진종격이 되니 좋을 것 같으나, 원
국 乙庚合이 풀리고 乙木관성은 亥水에 根하여 강
한 식상과 충돌하니 관재구설로 좋지 않았고, 甲戌
운에는 甲己合土에 辰戌沖으로 土多되니 일간이 강
해졌고, 辰戌沖은 다시 辰酉合을 깨니 酉가 伏吟이
되었다. 사업실패로 손재가 있었다. 참고로, 천간합
이 運에서 다시 合運을 만나면 合이 풀린다. 합이
합을 푸는 경우다. 또한 식상이 강한 사주에 관운

이 오면 관재구설수가 생긴다.

癸 戊 己 乙　乾
亥 辰 卯 卯

癸 甲 乙 丙 丁 戊　大
酉 戌 亥 子 丑 寅　運

　戊土일주가 卯월이라 失令하였고, 지지가 亥卯,
卯辰으로 木局이고 년간에 乙木이 투출하니 종살격
이다. 그런데 일주 戊土가 辰土에 뿌리하고 월간
己土가 도우니 종살격이 破格 되었다. 하지만 乙木
관성이 己土를 剋하고 辰土는 卯木과 합되어 일주
가 다시 身弱해졌다. 假從格이다. 용신은 水木이고
기신은 火土金이다. 본명은 木과 水운으로 흘러 공
직자가 되어 승승장구했으나 癸酉운에 기신 酉가
卯酉冲하여 罷職되었다.

II. 化格(從化格)

 干合이 사주상의 일간을 중심으로 時干 또는 月干에 있고 그 간합의 결과물에 해당하는 오행이 干支에 많이 있는 사주를 化格이라 한다. 화격은 간합의 결과물에 해당하는 五行이 간지에 많을수록 吉한데 만약 이 오행이 부족하면 이를 生하는 運이 吉하고, 太過할 때는 이를 洩氣시키는 운이 吉하다.

1. 甲己合化土格

 甲日干이 己月 또는 己時에 태어나거나 己日干이 甲月 또는 甲時에 태어나고 土 계절인 辰·戌·丑·未月에 태어나되 지지가 모두 土의 기운이 강해야 성립된다. 柱中에 甲乙이나 寅卯辰 또는 亥卯未의 剋制가 없어야 하고, 일간이 爭合이나 妬合되지 않아야 한다. 大運에서 火土運이나 金運은 吉하고 水木運은 忌하다. 庚金運은 合하는 甲木을 冲剋하므로 不吉하다.

 성품은 稼穡格과 유사하여 타인과의 타협에 능하고 원만한 성격에 책임감이 강하며 부부지간에도 다정하다. 직업으로는 종교, 철학, 교육, 학원, 부동산 중개, 회사합병(M&A), 농수산물계통 등이 적합하다.

己 甲 戊 己 乾
巳 戌 辰 丑

壬 癸 甲 乙 丙 丁 大
戌 亥 子 丑 寅 卯 運

　　甲木일주가 時上 己土와 合하고 지지에 土氣가 旺하여 甲己合化土格이 되었다. 年干 己土는 월간이 간격(間隔) 되어 無情之合으로 不用한다. 火土運에 吉하고 金運은 무방하며 水木運은 不吉하다. 庚金은 合하는 甲木을 冲하므로 不吉하다. 本命은 木水運으로 向하여 不吉한 命造이다.

甲 己 丙 戊 乾
戌 丑 辰 辰

壬 辛 庚 己 戊 丁 大
戌 酉 申 未 午 巳 運

　　己土일주가 時干 甲木과 合하고 지지에 土氣가 旺하여 甲己合化土格이 되었다. 火土運에 吉하고 金運은 무방하나 水木運은 不吉하다. 庚金運은 甲

木을 冲하므로 不吉하다. 本命은 火金運으로 向하여 吉할 것 같으나 巳午未 운은 大發했지만 庚申운에 甲庚冲으로 甲己合이 깨지고 申辰水局이 되어 大忌했다.

2. 乙庚合化金格

乙日 庚月 또는 庚時에 태어나거나 庚日 乙月 또는 乙時에 태어나고 巳酉丑月이나 申月에 태어나 지지가 모두 金의 기운이 강해야 한다. 간지에 火의 오행이나 寅午戌이나 巳午未 등이 없어야 하며 天干에 일간과 爭合이나 妬合이 없어야한다. 대운에서 金土運이나 水運은 吉하며, 火木運은 不吉하다. 辛金운은 合하는 乙木을 冲剋하므로 不吉하다.

성품은 從革格과 유사하여 용감무쌍하고 주관이 뚜렷하며 매사에 상황판단이 정확할 뿐만 아니라 철두철미하다. 직업으로는 군인, 경찰, 법관, 의약, 금융업, 기계, 금속계통 등이 적합하다.

乙 庚 辛 癸　乾
酉 申 酉 丑

乙 丙 丁 戊 己 庚　大
卯 辰 巳 午 未 申　運

庚金일주가 酉월에 태어나고 전지지가 金局이 되었으며 일주가 時干 乙木과 合이 되어 乙庚合化金格이다. 일반적으로 旺者喜洩로 시간 乙木과 상통하는 년간 癸水를 용신으로 하여 傷官用財格이 될 듯하나 癸水가 탁수이고 乙木에 뿌리가 없을 뿐만 아니라 일주가 乙木과 合이 되어 從化格으로 본다. 土金水運에 吉하고 木火運에 不吉한데 本命은 대운이 火木으로 向하여 大忌한 命이 되었다.

辛 乙 庚 戊　乾
巳 酉 申 子

丙 乙 甲 癸 壬 辛　大
寅 丑 子 亥 戌 酉　運

乙木일주가 申월에 태어나고 지지가 巳酉, 申酉 金局에 월상 庚金과 合하여 乙庚合化金格이 되었다. 사주에 火가 없어야 하는데 시지 巳火는 巳酉 金局이 되어 火로 보지 않는다. 土金水運에 吉하고 木火運에 不吉한데 本命은 대운이 金水運으로 흘러 일찍부터 크게 발전하였다. 丙寅대운은 丙과 庚이 상극하고 寅申沖이 되니 大忌한데 甲申년 57세에 간 이상으로 갑자기 卒하였다.

3. 丙辛合化水格

丙日 辛月 또는 辛時에 태어나거나 辛日 丙月 또는 丙時에 태어나고 申子辰月이나 亥月에 태어나되 지지가 모두 水의 기운이 강해야 한다. 간지에 水를 剋하는 土가 없어야 하며 일간이 쟁합이나 투합 되지 않아야한다. 대운에서 金·水運이나 木運은 吉하며, 火·土運은 不吉하다. 壬水運은 合하는 丙火를 冲剋하므로 不吉하다.

성품은 潤下格과 유사하여 총명하고 지혜로우며 예지력이 있고 과묵하다. 욕심은 많은 편이다. 직업으로는 외교, 무역, 유통, 창고업, 접객업, 교육, 문화, 종교 등이 적합하다.

壬 辛 丙 甲　乾
辰 酉 子 申

壬 辛 庚 己 戊 丁　大
午 巳 辰 卯 寅 丑　運

辛金일주가 子월에 태어났고, 지지는 水를 生하는 酉金에 申子辰 水局이 되었으며 壬水가 투출되었으니 水의 기운이 강하다. 월간 丙火와 일주가 합이 되어 丙辛合化水格이 되었다. 金水木운에 吉

하고 火土운에 不吉하다. 丁丑운은 子丑合水, 酉丑
合金으로 金水의 세력이 강해져서 좋았고, 戊寅,
己卯운에서 천간 戊土는 원국의 甲木이 剋하며, 己
土는 甲己合으로 묶이니 무방하며, 지지 寅, 卯는
水를 설기하는 喜神이라 좋았다. 庚辰운은 申子辰
水局이 되어 좋았으며, 辛巳운에는 巳酉金局은 괜
찮으나 辛金이 爭合이 되어 힘들었고, 壬午운은 기
신인 火운이며 丙壬冲에 子午冲이 되어 심장질환이
염려된다.

丙 辛 壬 甲　乾
申 酉 申 申

戊 丁 丙 乙 甲 癸　　大
寅 丑 子 亥 戌 酉　　運

　辛金일주가 시간 丙과 합이되고 전지지가 水를
生하는 金으로 되어있고 壬水가 투출되어있다. 丙
辛合化水格이다. 만약 丙火가 없다면 從革格이 되
었을 것이다. 金水운에 吉하고 火土운에 不吉한데
本命은 金水운으로 흘러 大發하였다. 木운은 天干
은 무방하나 地支木운은 冲이 되므로 좋지 않다.

4. 丁壬合化木格

　　丁日 壬月 또는 壬時에 태어나거나, 壬日 丁月 또는 丁時에 출생하고 봄에 태어나되 지지에 亥卯未 木局 또는 寅卯辰 方合이 있거나 지지가 모두 木의 기운이 강해야 한다. 간지에 木을 剋하는 金의 오행이나 巳酉丑 또는 申酉戌 등이 없어야 하며 일간이 쟁합이나 투합 되지 않아야한다. 대운에서 水木火運은 吉하며 金土運은 不吉하다. 癸水運은 合하는 丁火를 冲剋하므로 不吉하다.

　　성품은 曲直格과 유사하여 총명하고 인품이 좋으며 인정이 많다. 반면에 자존심이 강하고 자기중심적인 기질이 강하다. 직업으로는 교육, 종교, 철학, 법조, 의약, 언론계통이 적합하다.

丁 丁 壬 壬　乾
卯 未 寅 辰

戊 丁 丙 乙 甲 癸　大
申 未 午 巳 辰 卯　運

　　丁火일주가 寅월에 태어나고, 月上 壬水와 合하고 지지는 卯未合과 寅辰으로 木기운이 강하며 일점 金氣가 없으니 丁壬合化木格이 되었다. 水木火

운에 吉하고 土金운에 不吉한데 本命은 木火운으로 흘러 大發하였다. 하지만 戊申운은 천간 戊土가 壬水를 剋하고 월지 寅木이 寅申冲 되어 불록지객이 되었다. 천간 癸水운은 丁을 剋하고, 戊土는 壬水를 剋하므로 不吉하다.

丙 壬 丁 甲　乾
午 寅 卯 子

癸 壬 辛 庚 己 戊　大
酉 申 未 午 巳 辰　運

　壬水일주가 卯월에 태어나서 月上 丁火와 合하며, 지지 寅卯로 木기운이 강하고 着根하고 일점 金氣도 없어 丁壬合化木格이 되었다. 木火通明하고 食神化된 丙火가 힘이 있어 머리가 총명했다. 水木火운은 吉하고 土金운은 不吉한데 本命은 교육계에서 출세가도를 달리다가 癸酉대운 癸丑년에 불록지객이 되었다.

5. 戊癸合化火格

　戊日 癸月 또는 癸時 태생이거나, 癸日 戊月 또는 戊時에 태어나고 寅午戌月이나 巳月에 태어나

지지가 모두 火의 기운이 강해야 한다. 간지에 火를 剋하는 水의 오행이나 申子辰 또는 亥子丑 등이 없어야 하며 일간이 쟁합이나 투합 되지 않아야한다. 대운에서 木火土運은 吉하며 金水運은 不吉하다. 己土運은 합하는 癸水를 冲剋하니 不吉하다.

성품은 炎上格과 유사하여 예의 바르고 정의로우며, 매사를 속전속결로 처리하고 솔직담백한 성격이다. 반면 냉정하고 급한 성격 때문에 대인관계나 부부관계에 문제가 있을 수 있다. 직업으로는 종교, 철학, 정신세계 등에서 두각을 나타내며, 교육, 학원, 전기, 전자, 화공 계통이 적합하다.

癸 戊 甲 丙　乾
丑 戌 午 戌

庚 己 戊 丁 丙 乙　大
子 亥 戌 酉 申 未　運

戊土일주가 午月에 태어나서 시간 癸水와 합하며, 午戌火國으로 火기운이 강하고 水가 없어 戊癸合化火格이 되었다. 木火土운에 吉하고 金水운은 不吉한데 本命은 대운이 金水운으로 흘러 大忌한 命造이다. 時支 丑土는 丑戌刑으로 해로울 것 같으나 寅午戌合이 되어 貪合亡刑이 되기 때문에 무해

하며, 오히려 濕土가 되므로 조후에 도움이 된다.

```
甲 癸 戊 丙  乾
寅 巳 戌 戌
```

```
甲 癸 壬 辛 庚 己  大
辰 卯 寅 丑 子 亥  運
```

癸水일주가 戌月에 태어나 太弱한데 지지는 寅戌 火局에 巳火로 火旺하고 一點 水기도 없다. 천간 甲木과 丙火도 火를 생조하고 있는 중에 일간 癸水 가 月上 戊土와 合하니 戊癸合化火格이다. 초년운 은 水운이라 不吉하지만 壬寅운 이후로 大吉하였 다.

III. 一行得氣格(專旺格)

일행득기격은 종왕격이나 종강격의 일종으로 전왕격이라고도 한다. 지지에 三合이나 六合, 方合 등이 있고 전지지가 一行으로 이루어져 일간이 강해진다. 사주에 식상, 재성, 관성이 없고 오로지 그 세력이 전왕 즉, 한 가지 세력으로 旺해야 성립된다. 세력을 거스르지 않는 인성, 겁재, 식상 운은 吉하고 재성, 관성 운은 不吉하다. 사주원국에 식상이 있을 경우에는 식상이 용신이 되어 인성 운에 불길하다.

1. 曲直格(곡직격)

甲乙日生이 지지에 寅卯辰, 亥卯未 木局을 이루고 庚·辛·申·酉 金氣가 없을 경우 성립된다. 곡직이란 나무의 성질을 나타내는 것으로 나무가 휘어지기도 하고 곧게 뻗기도 하기 때문에 붙여진 이름이다. 水木火運에 吉하고 土金運에 不吉하다.

木이 인자함을 의미하기 때문에 곡직격의 성품은 도량이 넓고 도덕심이 강하며 남에게 베푸는 성향이 강하다. 또한 자존심이 강하고 남에게 지기 싫어하며 직언을 잘한다. 직업은 교육계, 종교계, 철학계, 육영사업, 의·약사, 연구원 등과 인연이 있다.

戊 乙 丁 甲　乾
寅 卯 卯 寅

癸 壬 辛 庚 己 戊　大
酉 申 未 午 巳 辰　運

　　乙木일주가 卯월 得祿하고 지지 寅卯木局이며 年
上에 甲木이 투출하고 일점 金氣가 없으니 곡직격
이다. 月上 丁火가 조후를 해결하고 설기가 멋지
다. 水木火운에 吉하고 土金운에 不吉하다. 대운이
火운으로 흘러 어려서부터 안정된 생활을 하였으나
壬申대운이 되면 용신인 寅木이 寅申冲되고 丁火를
壬水가 合去하여 不吉할 것이다.

乙 甲 甲 丁　乾
亥 寅 辰 卯

戊 己 庚 辛 壬 癸　大
戌 亥 子 丑 寅 卯　運

　　甲木일주가 辰월에 태어나 寅卯辰 方合에 寅亥合
木이 되고 일점 金氣가 없어 곡직격이 되었다. 旺
한 木氣를 설기하는 年干 丁火가 멋지다. 水木火운
이 吉하고 土金운은 不吉하다. 대운이 木水로 向하

여 鄕試에 합격하였고 벼슬은 州牧에 이르렀고 자식도 많이 두고 재물운도 좋았다. 장수했다.

2. 炎上格(염상격)

丙丁日生이 지지에 巳午未, 寅午戌 火局을 이루고 壬癸亥子水의 剋을 받지 않을 경우 성립된다. 木이 있으면 火를 生하니 吉하고, 土가 있으면 강한 火를 洩氣하여 무방하니 대운에서 木火土運은 吉하고 金水運은 不吉하다.

火는 禮를 의미하므로 염상격의 성품은 예의바르고 대인관계를 중시한다. 불의를 보면 참지 못하고 직언도 잘하지만 뒤끝은 없다. 지구력과 인내심이 약한 것은 단점이며, 건강상으로는 사주가 조열하여 혈관질환이 염려된다. 직업은 법관, 군인, 경찰, 기자, 방송국 피디, 종교, 철학 등과 인연이 있으며 火의 성질인 전기, 전자, 정보, 통신, 방사선, 반도체 분야 등과도 어울린다.

甲 丙 乙 丁 乾
午 戌 巳 未

己 庚 辛 壬 癸 甲 大
亥 子 丑 寅 卯 辰 運

丙火일주가 巳월에 태어나 得祿했고 巳午未 方局에 年上 丁火가 투출했으며 水氣가 全無하여 염상격이 되었다. 木火土운에 吉하고 金水운은 不吉하다. 初年은 木운으로 유복한 환경 속에서 무난히 공직생활을 시작했으나 辛丑운에 乙辛冲에 丑戌未 삼형살로 癸水가 깨어지니 건강과 직장에 이상이 왔으며, 庚子운은 旺한 火와 水가 冲이 되면서 旺者冲發 되어 凶한 일이 있었을 것이다.

```
丙 丁 戊 庚   乾
午 巳 寅 戌
```

```
甲 癸 壬 辛 庚 己   大
申 未 午 巳 辰 卯   運
```

丁火일주가 寅월에 태어났고 寅午戌火局에 丙火가 투출 했으며 일점 水氣도 없어 염상격이다. 木火土운에 吉하고 金水운에 不吉하다. 本命은 木火운으로 向하여 大發한 命造다. 그런데 甲申운에는 甲庚冲이 되어 甲木이 깨지고 寅巳申 三刑殺이 되어 낙향했다.

3. 稼穡格(가색격)

戊己日生이 辰戌丑未月이나 巳午月에 태어나서 지지가 전부 土로 이루어져있으며, 甲乙寅卯인 木의 剋을 받지 않아야 한다. 가색이란 농사를 의미하고 농사는 土 위에서 이루어지기 때문에 土로서 格이 이루어진 사주를 가색격이라 한다. 火土金運에 吉하고 水木運은 不吉하다. 辰月과 未月 출생자는 지장간 木氣 때문에 대운이나 세운에서 木운을 만났을 때 문제가 더욱 크다.

土는 信을 뜻하므로 가색격의 성품은 신용이 있고 성실하며 경거망동하지 않는다. 침착하지만 고집이 세고, 속을 노출하지 않으면서 자기주장을 내세운다. 말수가 적어 의사표현이 서툴고 융통성이 없는 것은 단점이다. 직업은 종교, 철학, 교육, 농수산 계통과 인연이 있으며 법관, 의약, 중개업 부문 등에서 성공한 경우도 있다.

己 戊 戊 辛　乾
未 辰 戌 丑

辛 壬 癸 甲 乙 丙 丁　大
卯 辰 巳 午 未 申 酉　運

戊土일주가 戊월에 태어났고 전지지가 土이며 戊己土 투출에 木의 剋을 받지 않아 가색격이 되었다. 火土金운은 吉하고 水木운은 不吉하다. 本命은 金火운으로 向하여 大發했으나 辛卯운에는 卯未木局이 되어 不祿之客이 되었다.

丙 戊 己 戊　乾
辰 戌 未 戌

乙 甲 癸 壬 辛 庚　大
丑 子 亥 戌 酉 申　運

戊土일주가 未월에 태어나 전지지 土에 戊己가 투출했고 木의 剋을 받지 않아 가색격이 되었다. 火土金운은 吉하고 水木운은 不吉하다. 庚申, 辛酉운은 식상운이라 유복한 생활을 하였고 壬戌운에서도 忌神 壬水는 천간 戊土가 剋하고 戊土는 用神運이라 大發하였다. 癸亥운에는 亥未木局이 되어 사망하였다.

4. 從革格(종혁격)

庚辛日生이 지지에 申酉戌, 巳酉丑 金局을 이루고 丙丁이나 午등의 火기가 없어야 한다. 從革이란

革을 쫓는다는 것인데 革은 更新(갱신, 경신)을 의미하고 庚辛과 발음이 같아 종혁격이란 庚辛 金氣 즉, 金의 성질을 따른다는 뜻이 된다. 土金水運에 吉하고 木火運은 不吉하다.

金은 義를 상징하므로 종혁격의 성품은 정의롭고 의리가 강하며 약자를 돕는다. 통솔력, 조직력, 책임감이 강하나 혁명적인 기질로 인하여 타인을 무시하는 경우도 있다. 직업은 군인, 경찰, 법관, 의약, 기계, 금속 등의 분야와 인연이 있다.

```
辛 庚 戊 辛   乾
巳 申 戌 酉
```

```
壬 癸 甲 乙 丙 丁   大
辰 巳 午 未 申 酉   運
```

庚金일주가 秋月인 戌월에 태어나 申酉戌 方局을 이루고 時支 巳火는 年支 酉와 巳酉合金하고 辛金이 투출하여 종혁격이다. 土金水운은 吉하고 木火운은 不吉하다. 本命은 初年은 申酉운으로 용신운을 만나 武官이 되었고, 乙未운은 乙辛沖에 戌未刑으로 잦은 부상이 있었으며, 甲午운은 火운이라 不吉하나 火生土로 설기되어 大過없이 지지부진하다가 癸巳운에서는 癸水는 희신이고 巳火는 巳酉金局

이 되어 大發했다.

庚 庚 丙 辛　乾
辰 申 申 酉

壬 辛 庚 己 戊 丁　大
寅 丑 子 亥 戌 酉　運

庚金일주가 申월에 태어나 得祿하고 전지지가 申
酉, 辰酉合金이며, 月干 丙火는 年干 辛金과 合하
여 완전한 종혁격이 되었다. 土金水운에 吉하고 木
火운은 不吉하다. 本命은 대운이 金水로 向하여 大
發한 命造이다. 그러나 辛丑운은 旺한 庚金과 申金
이 入墓되는 운이라 絶命됨이 염려스럽다.

5. 潤下格(윤하격)

壬癸日生이 지지에 亥子丑, 申子辰 水局을 이루
고 水를 剋하는 土가 없으면 성립된다. 潤下란 젖
을 윤, 아래 하이니 물이 흘러내려간다는 뜻이다.
따라서 辰戌丑未가 있으면 水의 흐름이 막히므로
大忌하다는 것이다. 金水木運에 吉하고 火土運은
不吉하다.

水는 智를 의미하므로 윤하격의 성품은 총명하고

꾀가 많다. 이기적인 면도 있으며 평소 차분하고 온순한 성격이나 한번 화가 나면 무섭게 폭발한다. 직업은 정치, 외교, 무역, 교육, 종교, 철학 등의 분야와 인연이 있다.

甲 壬 壬 丁　乾
辰 子 子 丑

丙 丁 戊 己 庚 辛　大
午 未 申 酉 戌 亥　運

　壬水일주가 子월에 태어나고 지지 子辰, 子丑合으로 水가 旺하며 月干 壬水가 투출되었고 土氣가 없어 윤하격이 되었다. 金水木운이 吉하고 火土운은 不吉하다. 本命은 戊申운까지 大發했고 丁未운에서는 時上 食神 甲木이 入墓되고 未土가 忌神이라 어려움을 겪다가 丙午운에 丙壬沖, 子午沖 旺者沖發되어 세상을 하직했다.

壬 癸 辛 壬　乾
子 丑 亥 子

丁 丙 乙 甲 癸 壬　大
巳 辰 卯 寅 丑 子　運

癸水일주가 亥월에 태어났고, 전지지 亥子丑 方局을 이루고 壬水가 투출되었으며 土氣가 없어 윤하격이 되었다. 金水木운이 吉하고 火土운은 不吉하다. 本命은 대운이 水木운으로 向하여 大發한 命造이다. 윤하격의 특성을 살려 일찍 고시에 합격하여 승승장구했으나 丙辰운에 旺한 水가 入墓되고 天干 丙壬冲이 되어 不祿之客이 되었다.

IV. 兩神成象格(양신성상격)

양신성상격이란 사주의 구성에 있어서 두 가지 오행이 두 개의 천간과 두 개의 지지를 차지하고 있는 사주를 말한다. 여기서 두 가지 五行이 相生하면 相生兩神成象格이라 하고, 相剋하면 相剋兩神成象格이라 한다. 상생양신성상격의 용신은 두 오행을 거스르지 않는 오행이며, 상극양신성상격의 용신은 통관용신을 쓰거나 억부법을 따른다.

1. 相生兩神成象格

서로 相生하는 五行으로 구성된 사주로서 木火光輝(목화광휘), 火土夾難(화토협난), 土金毓秀(토금육수), 金水水淸(금수수청), 水木淸氣(수목청기) 등 相生五局이 된다. 상생양신성상격은 두 오행의 균형이 맞아야 한다. 만약 인수가 강하면 從强格이 되고, 겁재가 인수나 식상보다 강하면 從旺格, 식상이 강하면 從兒格이 되기 때문이다. 상생양신성상격은 일반 格局들에 비해 吉運이 제한되어 있어 한평생 내내 복록을 누리기는 힘들다.

(1) 水木相生格

두 天干과 두 地支가 水木으로 구성되고 그 세력이 균형을 이루며 土金을 보지 않아야한다. 水木運은 吉하고 土金運은 凶하다.

甲 癸 甲 癸　乾
寅 亥 寅 亥

戊 己 庚 辛 壬 癸　大
申 酉 戌 亥 子 丑　運

위 명조는 水木相生格으로 수기발로(秀氣發露)가 아름다워 재능이 뛰어나니 一業으로 명성을 날리는 귀명이다. 일반적으로 식상이 잘 구성되어 있으면 學, 技, 藝 중 한 가지에서 뛰어난 재능을 보여 중인(衆人)의 頂上이 되는 경우가 많다. 水木運은 吉하고 土金運은 凶하다. 水運인 辛亥 대운까지는 승승장구 발전하나 庚戌대운부터 凶이 겹치는 운명이다.

(2) 木火相生格

두 天干과 두 地支가 木火로 구성되고 그 세력이

균형을 이루며 金水를 보지 않아야한다. 木火運은
吉하고 金水運은 凶하다.

乙 丁 乙 丁　乾
巳 卯 巳 卯

己 庚 辛 壬 癸 甲　大
亥 子 丑 寅 卯 辰　運

　木火運은 吉하고 金水運은 凶하다. 甲辰運은 용
신 甲木에 卯辰合木이 되어 순탄하였고, 癸卯運은
水生木으로 殺印相生이 되어 벼슬길에 올랐고, 壬
寅運은 丁壬合木에 寅卯合木으로 벼슬길이 순탄하
였다. 辛丑運에는 乙辛冲으로 용신 乙木이 冲剋되
고, 巳丑合金으로 卯木을 剋傷하여 불록지객이 된
명조이다.

(3) 火土相生格

　두 天干과 두 地支가 火土로 구성되고 그 세력이
균형을 이루며 水木을 보지 않아야한다. 火土運은
吉하고 水木運은 凶하다.

丁 戊 戊 丙　乾
巳 戌 戌 午

甲 癸 壬 辛 庚 己　大
辰 卯 寅 丑 子 亥　運

火土重濁은 승려의 운명이라 했다. 火土運은 吉하고 水木運은 凶하다. 그런데 대운이 水木運으로 흘렀다. 승려가 될 운명이 財運을 만났으니 타고난 分을 버리고 속세에서 이전투구의 삶을 살았다. 財와 인연이 없는 사람이 財運을 만났으니 이상과 현실의 괴리 속에서 갈등의 삶을 살게 된 것이다.

(4) 土金相生格

두 天干과 두 地支가 土金으로 구성되고 그 세력이 균형을 이루며 木火를 보지 않아야 한다. 土金運은 吉하고 木火運은 凶하다.

辛 己 辛 己　坤
未 酉 未 酉

丁 丙 乙 甲 癸 壬　大
丑 子 亥 戌 酉 申　運

土金食神의 구조가 되어 예술성이 강하다. 土金運은 吉하고 木火運은 凶하다. 다행히 대운이 金운으로 시작된다. 壬申, 癸酉운은 용신인 金운이며 천간 壬, 癸水는 사주의 기세를 거스르지 않아 예술가로서의 타고난 기량을 발휘하는 운이다. 甲戌운에서는 甲己合土에 戌土 용신운이라 꾸준하겠다. 하지만 乙亥대운은 乙辛冲에 亥未合木으로 凶運이 된다. 또 財運의 시작이다. 직업의 변동이 있겠다.

(5) 金水相生格

두 天干과 두 地支가 金水로 구성되고 그 세력이 균형을 이루며 火土를 보지 않아야 한다. 金水運은 吉하고 火土運은 凶하다.

庚 壬 辛 壬　坤
子 申 亥 申

乙 丙 丁 戊 己 庚　大
巳 午 未 申 酉 戌　運

일주에 祿을 두고 印綬가 강하다. 학자의 운명이다. 金水運은 吉하고 火土運은 凶하다. 戊申대운까지는 용신인 金운이라 학문에 매진했겠다. 하지만

丁未대운부터 財星인 火運이 시작된다. 貪財壞印이
되어 학자로서의 운명은 끝나겠다.

2. 相剋兩神成象格(상극양신성상격)

　두 기운이 서로 相剋하는 五行으로 구성된 사주
로서 木土培養(목토배양), 土水潤下(토수윤하), 水
火旣濟(수화기제), 火金鑄印(화금주인), 金木成器(금
목성기)와 같이 일간과 相剋되게 구성되어있다. 상
극양신성상격은 일반 사주와 같이 抑扶法으로 看命
한다. 하지만 일간이 强한 경우 通關運을 좋아한
다.

癸 戊 癸 戊　乾
亥 戌 亥 戌

己 戊 丁 丙 乙 甲　大
巳 辰 卯 寅 丑 子　運

　兩神相剋의 구조다. 두 세력이 균형을 이루고 있
으나 월지를 차지한 水의 기운이 좀 더 강하다. 따
라서 인수와 겁재인 火土가 용신이 된다. 甲子, 乙
丑運은 힘들게 지났고, 丙寅運은 木生火 용신운이
라 고시에 합격하였다. 丁卯, 戊辰運은 순탄하게

관직생활을 하였다. 그런데 己巳運은 용신인 火土
의 運이긴 하지만 己癸冲, 巳亥冲으로 天冲地冲이
되어 자리에서 물러난 사주이다.

甲 戊 戊 甲 乾
寅 戌 辰 寅

甲 癸 壬 辛 庚 己 大
戌 酉 申 未 午 巳 運

　兩神相剋의 구조다. 두 세력이 균형을 이루고 있
으나 월지를 차지한 土의 기운이 좀 더 강하다. 따
라서 통관운인 인성 火운도 좋고, 억부법으로 官운
인 木운과 財운인 水운도 吉하다. 己巳, 庚午운에
학업에 충실하여 일찍 登科했으며, 辛未운에는 힘
든 관직생활을 하다가 壬申, 癸酉운에는 金生水의
기운으로 진급을 거듭했다. 甲戌대운은 天干 官伏
吟과 地支 辰戌冲으로 관직을 마감했다.

글을 마치면서

서양의 사상은 二分法으로서 인간의 육체는 단순한 세포들의 결합이고 정신은 또 다른 분야로 보는데 반해서, 동양은 氣一元論에 바탕을 두어 인간의 육체와 정신이 우주의 에너지로 구성된 하나 즉, 육체와 정신이 분리될 수 없는 동일체로 본다.

사주상의 천간과 지지는 天·地·人 간에 작용하고 있는 에너지인데 이러한 에너지는 일종의 자기장의 형태로 존재한다고 볼 수 있다. 하늘의 에너지(天干)는 땅으로 내려와 地支라는 땅과 만물을 만들고, 地支의 에너지는 다시 하늘로 올라가 天干이 된다. 결국, 천간과 지지는 하나이고 하늘과 땅과 만물은 同體인 것이다. 이 에너지는 태양과 지구가 공전과 자전을 통해 계절을 만들듯이 시간의 흐름 속에서 일정한 패턴으로 순환변동하고 있는데 이 천간과 지지의 에너지가 만나 우주만물을 만든다. 우리 인간도 태어나서 첫 호흡을 하는 순간, 바로 그 순간의 천간과 지지의 에너지가 허파를 통해 오장육부를 포함한 우리의 육신과 정신을 완성한다. 따라서 사주를 보면 인간의 육체와 정신을 파악할 수 있는데, 매순간 천지의 에너지가 바뀌기 때문에 순간마다 태어나는 우리 인간의 모습도 다양하게 창조된다. 사주命理學은 이렇듯 다양한 에너지의 배합들을 연구하는 학문이다.

사주의 분석에는 일정한 규칙이 있다. 수천 년의 시간 속에서, 수많은 先賢들의 고심을 통하여 연구되고 임상된 결과물인 사주명리학은 매우 논리적이고 질서정연하다. 본고는 선현들이 이미 연구해놓은 이론들을 학생의 자세로 노트해 놓은 것에 불과하다. 格局論에는 수많은 이론들이 있지만 필자의 경험상 현실에 잘 적용이 되지 않는 항목들은 제외했고, 반드시 알아야 할 부분들만 골라서 실었다. 또 사주기초이론에 대해서는 훌륭한 서적들이 많이 출간되어있어서 필자는 격국론만을 다루었다. 부디 졸고가 후학 여러분들의 학업에 조금이나마 도움이 되었으면 하는 바람 간절하며 더불어 여러분들의 삶에 발전적인 변화가 있기를 기대해본다.

노파심에서 한마디 덧붙이려 한다. 일부 명리학자들 중 前生과 來生을 마치 눈에 보이는 것처럼 말하는 사람이 있는데 경계해야 한다. 본시 陰陽五行論은 우주의 時空 즉, 영원한 시간과 무한한 공간에 관한 연구에 적용될 수 있는 광범위한 이론이지만, 음양오행에 바탕을 둔 사주명리학은 오로지 現生의 인간만을 대상으로 하는 학문이다. 따라서 전생이나, 내생으로 명리학의 영역을 확대하는 것은 지양해야한다. 물론, 사주이론 중 12運星은 生老病死와 絶處逢生을 통해 輪回說을 암시하고 있고, 또 사주의 天干은 인간의 정신세계를, 地支는 우리 삶의 실제적 모습을, 지장간은 地支 즉, 우리의 삶에 절대적 영향을 미치는 일종의 까르마 또는 전생의 업보로 해석될 수도 있다. 하지만 전생과 내생은 종교의 영역이지 명리학의 연구대상은 아니다. 다만, "積善之家는 必有餘慶하고 積不善之家는 必有餘殃"에서 말하듯 착하게 살면 다음 생에 복 있는 삶을 살게 되지

않을까 하는 정도만 생각하면 되겠다. 원인 없는 결과
는 없는 법이니까.

끝으로 물심양면으로 이 글의 출간을 도와주신 시인
의사 김서영 원장님께 깊은 감사를 드리며, 대도문화사
김홍근 대표님과 서실장님에게도 감사드린다.

박경호